Sönke M. Willers

Standardfälle Handels- und Gesellschaftsrecht

6. Auflage 2013

ISBN 978-3-86724-122-9

6. Auflage 2013

Bezug möglich direkt vom Verlag
niederle media
48341 Altenberge
Fax (02505) 93 98 99
E-Mail: info@niederle-media.de
www.niederle-media.de

▶ Inhalt

▶ Standardfälle

▶ Vorwort

Dieses Skript ist gedacht als Einführung in Fälle aus dem Handels- und Gesellschaftsrecht, die typischerweise Gegenstand der ersten Klausuren im Handels- und Gesellschaftsrecht sind.

Der Name **niederle media** steht für Skripten, die zu einem großen Teil von Autoren mit mehrjähriger Lehr-Erfahrung als Hochschullehrer oder AG-Leiter verfasst wurden und die

- klausurrelevante Themen *kompakt* darstellen,
- meist in 1-2 Tagen und demnach *zeitsparend* durchgearbeitet werden können,
- so *verständlich* sind, dass auch Anfänger damit regelmäßig auf Anhieb klarkommen,
- *Fallbeispiele, Übersichten* und *Schemata* enthalten,
- sehr *erschwinglich* sind (ab 7 €).

Aufgrund dieser Eigenschaften sind unsere Skripten hervorragend geeignet für den ersten, unkomplizierten Einstieg in die Materie oder für eine schnelle Wiederholung kurz vor der Prüfung. Dafür drücke ich schon jetzt ganz fest die Daumen,

Jan Niederle

Fall 1: Von wegen schöner Schein

▸ **Standort:** Scheinkaufmann; Handelskauf; Untersuchungs- und Rügepflicht

Informatikstudent Maurice Megaflop (M) verdient sich etwas dazu, indem er gebrauchte Computer überholt und weiterverkauft. Er betreibt das Geschäft alleine von seiner Privatwohnung aus. Die gebrauchten Computer und die für ihre Reparatur benötigten Ersatzteile lagert er in dem zur Wohnung gehörenden Kellerabteil.

Da er bemerkt hat, dass die Geschäfte bei einem professionellen Auftritt besser laufen, benutzt M Briefpapier und Flyer, auf denen er die Bezeichnung „Second-Hand-Computer Service, An- und Verkauf Inh. M. Megaflop" führt. Allerdings ist er nicht im Handelsregister eingetragen.

Im April bestellt M 20 Grafikkarten bei der Hardware-Versand GmbH (H-GmbH). Die Bestellung erfolgt dabei per Fax auf dem „Geschäftsbriefpapier". Die Grafikkarten werden prompt geliefert. Da M sie wegen eines Sonderangebots auf Vorrat bestellt hatte und sie im Moment nicht benötigt, stellt er den Versandkarton ungeöffnet in sein Kellerabteil.

Als er zwei Wochen später die Grafikkarten einbauen will, stellt M fest, dass alle Grafikkarten mit einer defekten Steckverbindung ausgestattet sind, so dass er sie nicht in die Computer einsetzen kann. M fordert von der H-GmbH eine neue Lieferung von 20 Grafikkarten. Die H-GmbH weist seine Forderung zurück.

Zu Recht?

Anspruch des M gegen die H-GmbH auf Neulieferung von 20 Grafikkarten aus §§ 437 Nr. 1, 439 I BGB, § 13 I GmbHG
A. Wirksamer Kaufvertrag (+)
B. Mangel der Kaufsache
I. Mangel § 434 I 2 Nr.2 BGB (+)
II. Vorliegen des Mangels bei Gefahrübergang (§ 446 BGB) (+)
C. Anspruch ausgeschlossen, § 377 II HGB
I. Beiderseitiges Handelsgeschäft i.S.d. § 343 I HGB
1. Handelsgeschäft auf Seiten der H-GmbH (+)
2. Handelsgeschäft auf Seiten des M
a. Kaufmannseigenschaft des M
aa. Kaufmann nach § 1 HGB (-)
bb. Kaufmann nach §§ 2 bzw. 5 HGB (-)
cc. Kaufmann kraft Rechtsscheins
(1). Rechtsschein (+)
(2). Zurechenbare Veranlassung durch M (+)
(3). Gutgläubigkeit der H-GmbH (+)
(4). Kausalität Rechtsschein – Vertragsschluss (+)
(5). Zwischenergebnis: M ist Scheinkaufmann
b. Kaufvertrag gehört zum Betrieb des Handelsgewerbes (+)
3. Zwischenergebnis: beiderseitiges Handelsgeschäft (+)
II. Ablieferung der Ware (+)
III. Mangelhaftigkeit der Ware (+)
IV. Keine ordnungsgemäße Rüge des Mangels (+)
V. Keine Arglist des Verkäufers, vgl. § 377 V HGB (+)
D. Ergebnis: Kein Anspruch des M auf Neulieferung von Grafikkarten

M könnte gegen die H-GmbH einen Anspruch auf Neulieferung von 20 Grafikkarten aus §§ 437 Nr. 1, 439 I BGB, § 13 I GmbHG haben.

Hierfür müsste ein wirksamer Kaufvertrag zwischen M und der H-GmbH vorliegen und die gelieferten Grafikkarten müssten mangelhaft gewesen sein.

A. Ein wirksamer Kaufvertrag zwischen M und der H-GmbH gemäß § 433 BGB liegt vor.

Das Angebot auf Abschluss des Vertrags ist in dem Fax des M zu sehen. Dieses Angebot hat die H-GmbH angenommen, indem sie die Bestellung eingepackt und verschickt hat. Diese Annahmeerklärung musste dem M gemäß § 151 S. 1 BGB nicht zugehen.

B. Die gelieferten Grafikkarten müssten bei Gefahrübergang mangelhaft gewesen sein.

I. Es müsste ein Mangel vorliegen. Die Grafikkarten waren bei Gefahrübergang mangelhaft i.S.d. § 434 I 2 Nr. 1 bzw. 2 BGB. Da die Grafikkarten eine defekte Steckverbindung haben, sind sie nicht für die gewöhnliche Verwendung, nämlich den Einbau in den Computer, geeignet. Damit liegt jedenfalls ein Mangel i.S.v. § 434 I 2 Nr. 2 BGB vor.

II. Dieser Mangel lag auch schon bei der Übergabe der Grafikkarten und somit bei Gefahrübergang (vgl. § 446 S. 1 BGB) vor.

Somit liegen die Voraussetzungen für einen Anspruch auf Neulieferung der Grafikkarten vor.

C. Der Anspruch könnte aber ausgeschlossen sein, wenn die Ware gemäß **§ 377 II HGB** als genehmigt gilt.

Hierfür müssten die Voraussetzungen des § 377 HGB vorliegen.

I. Bei dem Abschluss des Kaufvertrags müsste es sich um ein **beiderseitiges Handelsgeschäft** handeln.

Gemäß § 343 I HGB sind Handelsgeschäfte alle Geschäfte eines Kaufmanns, die zum Betrieb seines Handelsgewerbes gehören.

1. Der Abschluss des Kaufvertrags über die Grafikkarten stellt für die H-GmbH ein Handelsgeschäft dar.

Die H-GmbH ist als juristische Person Kaufmann nach § 6 I HGB, § 13 III GmbHG. Der Verkauf der Grafikkarten gehört zum Betrieb des von ihr betriebenen Handelsgewerbes (Computerteile- und Zubehörversand).

2. Auch für M müsste der Abschluss des Kaufvertrags ein Handelsgeschäft darstellen.

a. Hierfür müsste M Kaufmann sein.

aa. M ist kein Ist-Kaufmann nach § 1 HGB. Er betreibt mit dem Second-Hand-Computer-Service zwar ein Gewerbe. Denn es handelt sich um eine nach außen erkennbare, selbstständige, planmäßig auf gewisse Dauer ausgeübte Tätigkeit, die zum Zweck der Gewinnerzielung betrieben wird und kein freier Beruf ist.

Dieses Gewerbe stellt allerdings kein Handelsgewerbe dar. Nach § 1 II HGB liegt ein Handelsgewerbe nicht vor, wenn der Gewerbebetrieb nach Art oder Umfang einen in kaufmännischer Weise eingerichteten Geschäftsbetrieb nicht erfordert. M betreibt das Geschäft ohne Angestellte. Außerdem hat er keine eigenen Geschäfts- und Lagerräume angemietet, sondern betreibt seinen Handel von seiner Wohnung aus. Gegen ein Handelsgewerbe spricht schließlich, dass er den Computerhandel nur als Nebenverdienstmöglichkeit neben seinem Studium betreibt.

bb. Da M auch nicht im Handelsregister eingetragen ist, ergibt sich seine Kaufmannseigenschaft auch nicht aus § 2 bzw. § 5 HGB.

cc. Es könnte aber sein, dass M sich aufgrund allgemeiner Rechtsscheinsgrundsätze als Kaufmann behandeln lassen muss, er also ein so genannter **Scheinkaufmann** ist.

Es ist allerdings fraglich, ob die Grundsätze über den Scheinkaufmann auch im Fall des § 377 HGB Anwendung finden. Man könnte der Auffassung sein, dass die Rechtsfolge des § 377 HGB für einen Nichtkaufmann eine unbillige Härte darstellen würde.

Damit würde allerdings übersehen, dass der Scheinkaufmann gerade durch seine Gerierung als Kaufmann gewisse Erwartungen geweckt hat. Daher muss er sich so behandeln lassen, als sei er tatsächlich Kaufmann.

Andererseits soll derjenige, der den Rechtsschein erzeugt hat, aus diesem auch keine Vorteile ziehen. Denn es gilt der Grundsatz, dass die Rechtsscheinhaftung nur *für*, aber *nicht gegen* den gutgläubigen Geschäftspartner gilt.

Hieraus folgt für den Fall des § 377 HGB, dass die Grundsätze des Scheinkaufmanns keine Anwendung finden, wenn dieser auf der Verkäuferseite auftritt. In diesem Fall würde er durch die Anwendung des § 377 HGB einen Vorteil erlangen. Tritt der Scheinkaufmann dagegen auf der Käuferseite auf, so erlangt er durch den Rechtsschein keine Vorteile, so dass die Rechtsscheinsgrundsätze anwendbar sind.

Hier tritt M als Käufer auf. Deswegen sind die Grundsätze über den Scheinkaufmann anwendbar. Fraglich ist aber, ob die entsprechenden Voraussetzungen der Rechtsfigur „Scheinkaufmann“ vorliegen:

(1). Erste Voraussetzung ist, dass ein entsprechender **Rechtsschein** besteht.

M hat durch die Bezeichnung „Second-Hand-Computer-Service, An- und Verkauf Inh. M. Megaflop“ den Eindruck erweckt, er sei ein Kaufmann.

(2). Diesen Rechtsschein müsste M **zurechenbar veranlasst** haben.

Hier hat M Briefpapier und Werbeflyer mit der oben genannten Firmenbezeichnung verwendet.

(3). Die Geschäftspartnerin H-GmbH war bei Vertragsschluss auch **gutgläubig.** Sie wusste nicht, dass es sich bei M nicht um einen Kaufmann handelte.

(4). Die H-GmbH müsste im **Vertrauen** auf den Rechtsschein gehandelt haben.

Das heißt, der Rechtsschein muss für ihr Verhalten kausal gewesen sein. An diese Voraussetzung brauchen keine hohen Anforderungen gestellt werden. Nach den Erfahrungen des täglichen Lebens liegt es nahe, dass das Rechtsgeschäft im Vertrauen auf den Rechtsschein abgeschlossen worden ist.

(5). Damit ist als Zwischenergebnis festzuhalten, dass M ein Scheinkaufmann ist. Er muss sich daher der H-GmbH gegenüber wie ein Kaufmann behandeln lassen.

b. Der Abschluss des Kaufvertrags müsste **zum Betrieb des Handelsgewerbes** des M gehört haben.

Hieran könnte man zweifeln, da M in Wirklichkeit ja kein Kaufmann ist. Allerdings wurde bereits festgestellt, dass er sich aufgrund des von ihm gesetzten Rechtsscheins wie ein Kaufmann behandeln lassen muss. Damit wird auch fingiert, dass M ein Handelsgewerbe betreibt. Die Bestellung der Chipkarten erfolgte zum Einbau in die Computer, die die H-GmbH verkaufte und gehörte somit zum Betrieb seines Handelsgewerbes.

Überdies kann man vorliegend auch auf die Vermutung des § 344 I HGB zurückgreifen, wonach im Zweifel die von einem Kaufmann vorgenommenen Rechtsgeschäfte zum Betrieb seines Handelsgewerbes gehören.

3. Damit liegt auch auf Seiten des M ein Handelsgeschäft vor. Es ist ein beiderseitiges Handelsgeschäft gegeben.

II. Die H-GmbH hat die Grafikkarten an M abgeliefert.

III. Wie bereits festgestellt wurde, sind die Grafikkarten bei Ablieferung mangelhaft gewesen.

IV. M dürfte diesen Mangel nicht unverzüglich **gerügt** haben.

M hat erst zwei Wochen nach der Lieferung die H-GmbH von der Mangelhaftigkeit der Grafikkarten unterrichtet. Dieses war nicht unverzüglich i.S.v. § 121 I 2 BGB.

V. Es ist schließlich nicht erkennbar, dass die H-GmbH den Mangel **arglistig verschwiegen** hat (vgl. § 377 V HGB).

VI. Damit liegen die Voraussetzungen des § 377 HGB vor.

Die Grafikkarten gelten somit gemäß § 377 II HGB als genehmigt.

D. Ergebnis: M hat damit gegen die H-GmbH keinen Anspruch auf Neulieferung von 20 Grafikkarten aus §§ 437 Nr. 1, 439 I BGB, § 13 I GmbHG.

▸ Literatur

🕮 Skript „Handelsrecht“ Lektion 1 und 6
🕮 Skript „Basiswissen Handelsrecht“ (Frage-Antwort)
🕮 Emmerich, **JuS** 1997, 98 ff. (Aufsatz Handelskauf)
🕮 Leßmann/Blinne, **Jura** 2000, 85 ff. (Klausur zu § 377 HGB)
🕮 Nickel, **JA** 1980, 566 ff. (Aufsatz Scheinkaufmann)

Fall 2: Raus oder nicht raus?

▸ **Standort**: Handelsregister; negative Publizität; „Rosinentheorie"

Am 14. August erscheint in der Kanzlei von Rechtsanwalt Paschke (P) Volker Veix (V) und schildert folgendes Problem: „Ich bin Inhaber eines Autohauses. Am 18. April diesen Jahres habe ich der Antonius & Co. KG (A-KG), die eine Spedition betreibt, einen LKW unter Eigentumsvorbehalt verkauft. Der Kaufvertrag wurde von Albert Antonius (A) unterschrieben. Drei fällige Kaufpreisraten stehen bis heute noch aus. Deshalb habe ich im Handelsregister nachgesehen, wer die persönlich haftenden Gesellschafter der A-KG sind und bin auf Theodor Toll (T) gestoßen. Ich habe daraufhin die noch ausstehende Forderung gegenüber T geltend gemacht. T hat dies aber mit der Begründung zurückgewiesen, dass er bereits zum 31. März aus der A-KG ausgeschieden sei. Zum Beweis hierfür hat er mir eine Kopie der Gesellschaftervereinbarung über sein Ausscheiden übergeben. Nun möchte ich gerne wissen, von wem ich die Zahlung der ausstehenden Raten verlangen kann."

V übergibt Rechtsanwalt P folgende Dokumente: Eine Kopie der Gesellschaftervereinbarung über das Ausscheiden des T sowie eine Kopie des Handelsregisterauszugs. Dem Registerauszug lässt sich entnehmen, dass T´s Ausscheiden nicht eingetragen ist. Weiterhin lässt sich dem Auszug entnehmen, dass Bodo Brummi (B) Kommanditist der A-KG ist und dass A und T nur gemeinschaftlich zur Gesamtvertretung der A-KG berechtigt sind.

P übergibt die Unterlagen dem ihm zur Ausbildung zugeteilten Rechtsreferendar Max Mühe (M) und beauftragt ihn mit der Anfertigung eines ausführlichen Gutachtens zur Klärung der Rechtslage. Das Gutachten des M ist zu fertigen.

Gutachten des M

A. Anspruch des V gegen A-KG aus § 433 II BGB, §§ 161 II, 124 I HGB
I. Wirksame Vertretung der A-KG durch A bei Vertragsschluss, § 164 I BGB
1. Eigene Willenserklärung des A im Namen der A-KG (+)
2. Vertretungsmacht des A
a. Ursprünglich Gesamtvertretung (§§ 161 II, 125 II HGB), danach Vertretungsmacht (-)
b. Ausscheiden des T führt zur Einzelvertretungsbefugnis, damit Vertretungsmacht (+)
c. Berufung auf Inhalt des Handelsregisters, § 15 I HGB ?
aber: § 15 I HGB gibt Dritten Wahlrecht: Berufung auf wahre Rechtslage möglich
II. Ergebnis: Wenn Berufung auf tatsächliche Rechtslage: Anspruch (+)

B. Anspruch des V gegen T aus § 433 II BGB, §§ 161 II, 128 S. 1 HGB
I. Verbindlichkeit der A-KG (+)
II. Haftung des T für diese Verbindlichkeit, §§ 161 II, 128 S. 1 HGB?
1. Gesellschafterstellung des T zur Zeit des Vertragsschlusses (-)
2. Ausschluss dieses Einwands nach § 15 I HGB
a. Eintragungspflichtige Tatsache (+)
b. Keine Eintragung und Bekanntmachung dieser Tatsache (+)
c. Gutgläubigkeit des V (+)
d. Vorgang im Geschäftsverkehr (+)
e. Zwischenergebnis: T gilt als Gesellschafter der OHG
3. Problem: Teilweise Ausübung des Wahlrechts hinsichtlich ein und derselben Tatsache möglich ? nach hM (+)
III. Ergebnis: Zahlungsanspruch des V gegen T (+)

C. Endergebnis: Zahlungsansprüche des V gegen A-KG und T (+)

Gutachten des M

A. V könnte gegen die A-KG einen Anspruch auf Zahlung der ausstehenden Kaufpreisraten aus §§ 433 II BGB, 161 II, 124 I HGB haben.

Die Voraussetzung hierfür ist das Vorliegen eines wirksamen Kaufvertrags, der der A-KG zugerechnet werden kann.

I. Die A-KG müsste beim Vertragsschluss durch A gemäß § 164 I BGB wirksam vertreten worden sein.

1. A hat beim Vertragsschluss eine eigene Willenserklärung im Namen der Gesellschaft abgegeben.

2. Fraglich ist jedoch, ob A hierbei mit **Vertretungsmacht** gehandelt hat.

a. Im Gesellschaftsvertrag ist bestimmt, dass A nur gemeinsam mit T zur Vertretung der A-KG berechtigt ist. Es liegt Gesamtvertretung nach §§ 161 II, 125 II HGB vor. Danach hätte A beim Vertragsschluss ohne Vertretungsmacht gehandelt.

b. Es ist aber zu beachten, dass T zwischenzeitlich aus der Gesellschaft ausgeschieden ist. Durch dieses Ausscheiden wurde die Gesamtvertretungsmacht des A zu einer Alleinvertretungsbefugnis. Dies ergibt sich daraus, dass A nach dem Ausscheiden des T der alleinige Komplementär der KG wurde. Würde man in diesem Fall an der Gesamtvertretungsregelung festhalten, wäre die Gesellschaft handlungsunfähig. Insbesondere käme eine Gesamtvertretung von A mit dem Kommanditisten B wegen § 170 HGB nicht in Betracht.

Der Wechsel in der Vertretungsmacht ist auch ohne die Eintragung ins Handelsregister wirksam geworden. Denn die Eintragung ins Handelsregister hat nur deklaratorischen Charakter.

Daraus folgt, dass A mit Vertretungsmacht gehandelt hat.

c. Allerdings könnte sich im vorliegenden Fall aus § 15 I HGB etwas anderes ergeben.

Im Handelsregister ist eingetragen, dass A nur mit T zur Gesamtvertretung der A-KG befugt ist. Die Änderung der Vertretungsmacht wäre nach §§ 161 II, 107 HGB einzutragen gewesen. Dies ist unterblieben. Damit liegen die Voraussetzungen des § 15 I HGB vor.

Allerdings gibt § 15 HGB dem Dritten ein Wahlrecht. Er kann sich einerseits auf die Eintragung im Handelsregister, andererseits aber auch auf die wahre Rechtslage berufen.

Würde V sich gem. § 15 HGB auf das Handelsregister berufen, hätte dies aufgrund der eingetragenen Gesamtvertretungsregelung die Wirkung, dass A nicht zur Vertretung der A-KG befugt gewesen wäre.

Wenn V sich dagegen auf die wahre Rechtslage beruft, hätte A mit Vertretungsmacht gehandelt und der Vertrag wäre wirksam.

Da die Berufung auf die wahre Rechtslage für V günstiger ist, ist ihm zu empfehlen, diesen Weg zu wählen.

II. Ergebnis: Folgt V dieser Empfehlung, besteht ein Anspruch des V auf Zahlung der ausstehenden Kaufpreisraten gegen die A-KG aus § 433 II BGB, §§ 161 II, 124 I HGB.

B. Weiterhin könnte V von T die Zahlung der Kaufpreisraten gemäß § 433 II BGB, §§ 161 II, 128 S. 1 HGB verlangen.

Voraussetzung ist, dass eine Verbindlichkeit der A-KG besteht, für die T als Gesellschafter haftet.

I. Wie bereits dargelegt wurde, stellt die Kaufpreisforderung eine Verbindlichkeit der A-KG dar.

II. Für diese Verbindlichkeit könnte T gemäß §§ 161 II, 128 S. 1 HGB haften.

Dieses setzt voraus, dass T zum Zeitpunkt des Vertragsschlusses persönlich haftender Gesellschafter der A-KG war.

1. Zum Zeitpunkt des Vertragsschlusses am 18. April war T aber nicht mehr Komplementär der A-KG. Er ist bereits zum 31. März aus der Gesellschaft ausgeschieden.

Dieses Ausscheiden war auch ohne Eintragung in das Handelsregister wirksam. Zwar ist das Ausscheiden eines Gesellschafters nach § 143 II HGB in das Handelsregister einzutragen; die Eintragung hat jedoch nur deklaratorischen Charakter.

2. T könnte mit seinem Einwand, dass er nicht mehr Gesellschafter ist, aber nach § 15 I HGB ausgeschlossen sein.

Dies wäre der Fall, wenn die Voraussetzungen dieser Vorschrift gegeben sind.

a. Bei dem Ausscheiden des T handelt es sich um eine nach §§ 161 II, 143 II HGB eintragungspflichtige Tatsache.

b. Die Eintragung und Bekanntmachung sind jedoch unterblieben.

c. V hatte beim Vertragsschluss auch keine Kenntnis davon, dass T nicht mehr Gesellschafter der A-KG ist.

d. Schließlich handelt es sich beim Abschluss des Kaufvertrags um einen Vorgang im Geschäftsverkehr.

e. Da die Voraussetzungen des § 15 I HGB vorliegen, gilt T noch als persönlich haftender Gesellschafter der A-KG.

3. V hat ein Wahlrecht, ob er sich auf die tatsächliche Rechtslage oder die Eintragung im Handelsregister berufen will (siehe oben). Da die Eintragung im Handelsregister für ihn günstiger ist - denn hiernach gilt T noch als Gesellschafter - wird ihm angeraten, sich auf das Handelsregister zu berufen. In diesem Fall steht ihm grundsätzlich ein Anspruch gegen T zu.

Hinsichtlich dieses Ergebnisses stellt sich aber die Frage, ob hierin nicht ein widersprüchliches Verhalten gesehen werden könnte.

Denn in der hier gegebenen Konstellation würde V das ihm eingeräumte Wahlrecht hinsichtlich ein und derselben Tatsache (Ausscheiden des T als Gesellschafter) unterschiedlich ausüben. Hinsichtlich der Rechtsfolge, dass A alleinvertretungsberechtigt wird, ist die Berufung auf die wirkliche Rechtslage besser, da laut Register A nur wirksam mit T hätte handeln können. Bezüglich der Haftung des T ist hingegen die Berufung auf das Handelsregister von Vorteil, weil T hiernach nicht als ausgeschieden gilt.

Die hM gestattet es dem Dritten, sein Wahlrecht hinsichtlich einer Tatsache unterschiedlich auszuüben. Dies wird damit begründet, dass § 15 I HGB nur **zum Vorteil** des Dritten und nicht zu dessen Lasten wirke.

Danach kann sich V hinsichtlich der Gesellschafterstellung des T einmal auf die wahre Rechtslage, zum anderen aber auch auf die Eintragung im Handelsregister berufen.

An dieser herrschenden Auffassung wird kritisiert, dass der Dritte sich so die für ihn günstigsten Tatbestandsstücke quasi wie „Rosinen" herauspicken könne (deshalb wird die hM auch als „Rosinentheorie" bezeichnet). Nach dieser Auffassung kann das Handelsregister nur in seiner Gesamtheit gewürdigt werden. Wer sich bezüglich einer Tatsache auf das Handelsregister berufe, müsse sich entsprechend des Gesamtinhalts des Registers behandeln lassen.

Folgt man dieser Auffassung, so muss V sich bezüglich beider Ansprüche entweder für die Eintragung oder die wahre Rechtslage entscheiden.

Gegen die letztgenannte Auffassung spricht, dass sie den Vertrauensschutz von der Einsicht ins Handelsregister abhängig macht, denn sie ist von dem Gedanken getragen, dass der Dritte bei Einsicht des Registers dessen gesamten Inhalt wahrgenommen hätte und sich deshalb auch den gesamten Registerinhalt zurechnen lassen müsse. § 15 HGB ist aber ein Fall des abstrakten Vertrauensschutzes. Die Vorschrift setzt also gerade nicht voraus, dass der Dritte auch tatsächlich das Handelsregister eingesehen hat. Daher kann auch nicht vorausgesetzt werden, dass ihm die anderen Tatsachen bekannt sind.

Somit ist der hM zu folgen, so dass V sein Wahlrecht hinsichtlich der Gesellschafterstellung des T unterschiedlich ausüben kann.

III. Ergebnis: Folgt V diesem Ratschlag, steht ihm ein Zahlungsanspruch gegen T aus § 433 II BGB, §§ 161 II, 128 S. 1 HGB zu.

C. Endergebnis: V hat damit Zahlungsansprüche gegen die A-KG und T.

▸ Literatur

🕮 Skript „Handelsrecht“ Lektion 3

🕮 Skript „Basiswissen Handelsrecht“ (Frage-Antwort)

🕮 Tröller, **JA** 2000, 27 ff. (Grundlagenwissen)

Fall 3: Der erboste Prokurist

▸ **Standort:** Handelsregister; sekundäre Unrichtigkeit

Thorsten Tracker (T) ist Inhaber eines LKW-Handels. Am letzten Freitag im April ernennt er seinen Mitarbeiter Piet Peters (P) zum Prokuristen. Am darauf folgenden Montag meldet sich P krank und erscheint nicht zur Arbeit. Als P nach zwei Wochen nicht erscheint, überlegt es sich T noch einmal und widerruft die Prokura des P. Weder die Erteilung noch der Widerruf der Prokura werden im Handelsregister eingetragen.

P ist über diese „Rückstufung" sehr erbost und wartet darauf, es dem T heimzuzahlen. Als der Spediteur Luis Logistik (L) im Geschäft des T erscheint, sieht P seine Chance. Er gibt sich als Prokurist des T aus und verkauft L einen Sattelschlepper für dessen Spedition zu einem besonderen „Hauspreis", der 25 % unter der unverbindlichen Preisempfehlung des Herstellers liegt.

Als L zwei Tage später den Sattelschlepper abholen möchte, erfährt T von den Machenschaften des P und erklärt L, dass er den LKW nicht herausgeben werde.

Kann L von T die Übergabe und Übereignung des Sattelschleppers verlangen?

Anspruch des L gegen T auf Übergabe und Eigentumsverschaffung aus § 433 I 1 BGB

A. Wirksamer Kaufvertrag (+)
I. Vertragsschluss zwischen L und P
II. Wirksame Vertretung des T durch P, § 164 I BGB? (+)
1. Eigene Willenserklärung des P (+)
2. Im Namen des T (+)
3. Vertretungsmacht des P (-)
4. Zwischenergebnis: wirksame Stellvertretung des T (-)
III. Ausschluss des Einwandes der fehlenden Prokura nach § 15 I HGB
1. Eintragungspflichtige Tatsache
a. Grundsätzliche Eintragungspflicht (+)

b. Keine Eintragung wegen fehlender Voreintragung erforderlich ?
2. Zwischenergebnis: Berufung auf fehlende Prokura möglich
IV. Zwischenergebnis: Vertrag zunächst schwebend unwirksam; keine Genehmigung, § 177 BGB
B. Ergebnis: Kein Anspruch des L gegen T

L könnte gegen T einen Anspruch auf Übergabe und Übereignung des Sattelschleppers aus § 433 I S. 1 BGB haben.

A. Voraussetzung hierfür ist das Vorliegen eines wirksamen Kaufvertrags.

I. Ein Kaufvertrag über den Sattelschlepper wurde zwischen L und P abgeschlossen.

II. Dieser Vertrag wirkt für und gegen T, wenn dieser beim Abschluss des Vertrags gemäß § 164 I BGB durch P wirksam vertreten worden ist.

1. P hat bei Abschluss des Kaufvertrags eine eigene Willenserklärung abgegeben.

2. Diese Willenserklärung muss er im Namen des Vertretenen, also T, abgegeben haben.

Der Vertragsschluss fand in den Geschäftsräumen des T statt. Weiterhin gab P sich als Prokurist des T zu erkennen. Damit liegt ein sog. *unternehmensbezogenes Geschäft* vor, bei dem sich aus den Umständen ergibt, dass P im Namen des T gehandelt hat (vgl. § 164 I 2 BGB).

3. Schließlich muss P mit Vertretungsmacht gehandelt haben.

T hatte P Vertretungsmacht in Form einer Prokura erteilt (§ 48 HGB). Diese Prokuraerteilung war auch ohne eine Eintragung in das Handelsregister wirksam geworden. Die

Eintragung (§ 53 HGB) hat nämlich nur deklaratorische Bedeutung.

Allerdings hatte T die Prokura des P vor dem Vertragsschluss mit L widerrufen, was gem. § 52 I HGB jederzeit möglich ist. Auch dieser Widerruf war ohne eine Handelsregistereintragung wirksam geworden.

P handelte damit zum Zeitpunkt des Vertragsschlusses ohne Vertretungsmacht.

4. Damit fehlte es an einer wirksamen Stellvertretung des T durch P. Der Vertragsschluss kann T deshalb grundsätzlich nicht zugerechnet werden.

III. Allerdings könnte sich T nicht auf die fehlende Prokura des P berufen, wenn die Voraussetzungen des § 15 I HGB gegeben sind.

1. Hierfür muss es sich bei dem Widerruf der Prokura um eine **eintragungspflichtige Tatsache** handeln.

a. Grundsätzlich ist das Erlöschen der Prokura gemäß § 53 II HGB in das Handelsregister einzutragen.

b. Vorliegend besteht aber die Besonderheit, dass bereits die Erteilung der Prokura trotz der Regelung des § 53 I HGB nicht im Handelsregister eingetragen wurde.

Es stellt sich daher die Frage, ob die Regelung des § 15 I HGB in der vorliegenden Fallkonstellation anwendbar ist. Dies könnte zweifelhaft sein, denn man könnte annehmen, dass das Handelsregister, in dem keine Prokuraerteilung eingetragen ist, sich nach dem Widerruf wieder in Übereinstimmung mit der wirklichen Rechtslage befindet. Es wäre dann keine weitere Eintragung erforderlich.

Eine Auffassung will § 15 I HGB in dieser Konstellation nicht anwenden. Dies wird damit begründet, dass diese Vorschrift nur den guten Glauben an Tatsachen schützt, die im Handelsregister eingetragen sind. Wenn eine Tatsache nicht eingetragen worden ist, entsteht auch kein Rechtsschein, der wieder vernichtet werden muss.

Folgt man dieser Auffassung, musste der Widerruf der Prokura des P nicht ins Handelsregister eingetragen werden und § 15 HGB wäre nicht anwendbar.

Die hM geht dagegen davon aus, dass auch bei fehlender Eintragung der Prokuraerteilung deren Widerruf grundsätzlich ins Handelsregister einzutragen ist. Dies wird damit begründet, dass ein Dritter auch auf anderen Wegen von der Erteilung der Prokura Kenntnis erlangt haben kann. Deshalb müsse dieser Vertrauenstatbestand durch eine gegenteilige Eintragung zerstört werden.

Allerdings besteht auch nach dem überwiegenden Teil dieser Auffassung keine Eintragungspflicht des Widerrufs, wenn die Erteilung der Prokura ein rein interner Vorgang geblieben ist und die einzutragende Tatsache in kurzem Abstand folgt.

Im konkreten Fall war P nach der Erteilung der Prokura krank zu Hause geblieben und trat bis zu deren Widerruf, der bereits zwei Wochen später erfolgte, nicht als Prokurist auf. Daher haben Dritte von der Erteilung keine Kenntnis erlangt.

Danach muss auch nach der hM der Widerruf der Prokura nicht ins Handelsregister eingetragen werden.

Da beide Ansichten zu demselben Ergebnis gelangen, kann ein Streitentscheid unterbleiben.

2. Als Zwischenergebnis kann deshalb festgehalten werden, dass T sich auf die fehlende Prokura des P berufen kann.

IV. Damit hat P beim Vertragsschluss ohne Vertretungsmacht gehandelt. Aus diesem Grund ist der Kaufvertrag zunächst gemäß § 177 BGB schwebend unwirksam.

Durch die Verweigerung der Herausgabe des LKWs hat T konkludent die Genehmigung des Kaufvertrags verweigert. Damit wurde der Kaufvertrag endgültig unwirksam.

B. Ergebnis: Folglich besteht kein Anspruch des L gegen T auf Übergabe und Übereignung des Sattelschleppers gemäß § 433 I 1 BGB.

▸ **Literatur**

🕮 Skript „Handelsrecht" Lektion 3
🕮 Skript „Basiswissen Handelsrecht" (Frage-Antwort)
🕮 Tröller, **JA** 2000, 27 ff. (Grundlagenwissen)

Fall 4: Die Gelegenheit ist günstig

▸ **Standort:** Positive Publizität d. Handelsregisters (§ 15 III HGB) bei reinen Eintragungsfehlern; Haftung nach Rechtsscheingrundsätzen

Erich Erpel (E), Fritz Feuer (F) und Gustav Gern (G) sind Gesellschafter der EFG-OHG. Sie haben einen ordnungsgemäßen Antrag zur Eintragung der Gesellschaft ins Handelsregister gestellt. Bei der Eintragung ist aber ein Fehler unterlaufen, es wird statt G versehentlich Carlos Corrupti (C) als Gesellschafter eingetragen, denn E, F und G hatten es unterlassen, die Eintragungsmitteilung des Registergerichts zu kontrollieren. Aufgrund eines neuen Irrtums wurde wieder G korrekterweise als Gesellschafter der OHG bekannt gemacht.

C, der wie immer in Geldnot ist, beschließt, die falsche Eintragung auszunutzen. Mit einer Kopie des Handelsregisterauszugs geht er zur B-Bank (B) und nimmt ein Darlehen im Namen der OHG auf. Mit dem Geld setzt er sich nach Südamerika ab. Die B verlangt nun Rückzahlung des Darlehens von der EFG-OHG.

Zu Recht?

Rückzahlungsanspruch der B gegen EFG-OHG aus § 488 I 2 BGB, § 124 I HGB

A. Wirksamer Darlehensvertrag, wenn Vertretung der OHG durch C
I. Eigene Willenserklärung des C im Namen der OHG (+)
II. Vertretungsmacht des C, § 125 I HGB
1. Gesellschafterstellung des C (-)
2. Gesellschafterstellung des C aus § 15 III HGB
a. Direkte Anwendung des § 15 III HGB (-)
b. Analoge Anwendung des § 15 III HGB nach hM (-)
3. Publizität des Registereintragung nach allgemeinen Rechtsscheingrundsätzen
a. Rechtsschein (+)
b. Zurechenbare Veranlassung durch OHG
aa. Fehlerhafte Anmeldung (-)

bb. Schuldhaftes Unterlassen der Berichtigung der Falscheintragung (+)
c. Gutgläubigkeit der B (+)
d. Kausalität Registereintragung – Vertragsschluss (+)
e. Rechtsfolge: C gilt als Gesellschafter der EFG-OHG, damit Vertretungsbefugnis des C aus § 125 I HGB (+)
4. Zwischenergebnis: Wirksamer Darlehensvertrag (+)
B. Darlehenssumme durch B zur Verfügung gestellt (+)
C. Ergebnis: Rückzahlungsanspruch der B (+)

B könnte gegen die EFG-OHG einen Anspruch auf Rückzahlung der Darlehenssumme gemäß § 488 I 2 BGB, § 124 I HGB haben.

Voraussetzung hierfür ist, dass zwischen der OHG und B ein wirksamer Darlehensvertrag vorliegt und die B das Geld zur Verfügung gestellt hat.

A. Ein wirksamer Darlehensvertrag zwischen der B und der OHG liegt vor, wenn die Gesellschaft beim Vertragsschluss durch C gemäß § 164 I BGB wirksam vertreten wurde.

I. C hat eine eigene Willenserklärung im Namen der OHG abgegeben.

II. Es stellt sich aber die Frage, ob C mit Vertretungsmacht gehandelt hat. Es käme eine Vertretungsbefugnis des C gemäß § 125 I HGB in Betracht. Hierfür müsste C Gesellschafter der EFG-OHG sein.

1. C war aber nie Gesellschafter der OHG. Dieses würde bedeuten, dass er ohne Vertretungsmacht gehandelt hätte.

2. Eine Gesellschafterstellung des C könnte sich aber aus § 15 III HGB ergeben.

Voraussetzung hierfür ist eine falsche Bekanntmachung der einzutragenden Tatsache. Diese einzutragende Tatsache ist hier die Gesellschafterstellung des G.

a. G wurde aber korrekt als Gesellschafter bekannt gemacht. Eine direkte Anwendung des § 15 III HGB scheidet daher aus.

b. Es stellt sich aber die Frage, ob § 15 III HGB auf den vorliegenden Fall einer richtigen Bekanntmachung bei falscher Handelsregistereintragung *analog* anwendbar ist.

Eine Mindermeinung bejaht dies. Sie begründet dies damit, dass die Eintragung ins Handelsregister im Verhältnis zur Bekanntmachung den primären und damit verlässlicheren Informationsträger darstelle.

Demgegenüber lehnt die hM eine analoge Anwendung des § 15 III HGB ab. Die Begründung hierfür ist zum einen der eindeutige Wortlaut dieser Vorschrift. Zum anderen ergebe sich aus der Entstehungsgeschichte dieser Regelung auch keine Regelungslücke, die aber Voraussetzung für eine Analogie wäre.

Für die hM spricht einmal der klare Wortlaut der Vorschrift. Weiterhin erfolgt bereits eine Einschränkung der Haftung nach § 15 III HGB durch das Veranlassungsprinzip. Wenn aber bereits der Anwendungsbereich des § 15 III HGB eingeschränkt wird, spricht dies eindeutig dagegen, die Vorschrift im Wege der Analogie zu erweitern.

Danach scheidet vorliegend eine analoge Anwendung des § 15 III HGB aus.

3. Es kommt jedoch eine Publizität der Handelsregistereintragung aufgrund von allgemeinen Rechtsscheingrundsätzen in Betracht.

Bei isolierten Eintragungsfehlern war eine solche Publizität bereits vor der Einführung von § 15 III HGB anerkannt.

Danach muss sich derjenige, der eine unrichtige Eintragung im Handelsregister zurechenbar veranlasst bzw. schuldhaft nicht beseitigt hat, so behandeln lassen, als sei die Eintragung richtig. Dies gilt aber nur dann, wenn ein gutgläubiger Dritter im Vertrauen auf die Eintragung gehandelt hat.

Es müssten die Voraussetzungen der Rechtsscheinhaftung gegeben sein.

a. Der Rechtsschein besteht in der Eintragung des C als Gesellschafter der OHG.

b. Diesen Rechtsschein muss die OHG zurechenbar veranlasst haben.

aa. Die OHG hat die unrichtige Eintragung nicht veranlasst. Eine Veranlassung ist nämlich nur dann gegeben, wenn die Eintragung auf einer falschen Anmeldung beruht. Hier war die Anmeldung jedoch richtig.

bb. Hier könnten E, F und G es aber schuldhaft unterlassen haben, die falsche Eintragung berichtigen zu lassen.

Da ihnen das Registergericht eine Eintragungsmitteilung übersandt hatte, wäre es für sie einfach gewesen, den Fehler zu erkennen. Sie haben es damit zumindest fahrlässig unterlassen, die Falscheintragung zu beseitigen.

c. Im Sachverhalt sind keine Anzeichen dafür erkennbar, die eine Gutgläubigkeit der B hinsichtlich der Gesellschafterstellung des C ausschließen.

d. Schließlich muss die B im berechtigen Vertrauen auf die Handelsregistereintragung gehandelt haben.

Ein solches berechtigtes Vertrauen setzt voraus, dass der Dritte durch Einsicht ins Handelsregister bzw. auf andere Weise Kenntnis von der Eintragung erlangt hat.

C hat beim Abschluss des Darlehensvertrages eine Kopie des Handelsregisterauszugs vorgelegt. B hat somit Kenntnis von der Eintragung erlangt und im Vertrauen auf diese gehandelt.

e. Die Rechtsfolge ist, dass C als Gesellschafter der EFG-OHG gilt. Damit war er gemäß § 125 I HGB zur Vertretung der Gesellschaft befugt.

4. Somit hat C die EFG-OHG wirksam vertreten, so dass ein wirksamer Darlehensvertrag vorliegt.

B. Die B hat auch die Darlehenssumme zur Verfügung gestellt.

Die Zuständigkeit des C zum Empfang des Geldes ergibt sich ebenfalls aus dem Rechtsschein seiner Gesellschafterstellung.

C. Ergebnis: B kann damit von der EFG-OHG die Rückzahlung der Darlehenssumme aus § 488 I 2 BGB, § 124 I HGB verlangen.

▸ Literatur

🕮 Skript „Handelsrecht" Lektion 3
🕮 Skript „Basiswissen Handelsrecht" (Frage-Antwort)
🕮 Tröller, **JA** 2000, 27 ff. (Grundlagenwissen)

Fall 5: Voll im Bild

▸ **Standort:** Haftung des Erwerbers bei Firmenfortführung, § 25 I 1 HGB

Karl Knips (K) ist Inhaber eines Fotogeschäfts, das im Handelsregister unter der Firma „Fotoapparate & Zubehör Karl Knips" eingetragen ist. Im Dezember lieferte ihm der Großhändler Lutz Leika (L) Fotoapparate und Objektive im Gesamtwert von 2.500 €.

Da K sich zur Ruhe setzen will, verkauft er im Januar sein Geschäft an Boris Blitz (B). Dieser lässt für das Geschäft die Firma „Fotoapparate & Zubehör Karl Knips, Inh. Boris Blitz" im Handelsregister eintragen.

Sechs Monate später gewinnt B im Lotto und entschließt sich zu einer zweijährigen Weltreise. Deshalb verpachtet er sein Geschäft im August an Alfons Asa (A). Dieser führt das Geschäft unter der bisherigen Firma weiter, lediglich den Nachfolgezusatz ändert er auf seinen Namen.

Im September meldet sich L bei A und fordert von ihm die Zahlung der 2.500 €. A weist diese Forderung zurück. Er macht geltend, dass zwischen ihm und K nie eine rechtsgeschäftliche Beziehung bestanden hat.

Muss A den Betrag trotzdem zahlen?

A. Anspruch des L gegen A aus § 433 II BGB (-)

B. Anspruch des L gegen A aus § 433 II BGB, § 25 I 1 HGB

I. Erwerb eines Handelsgeschäfts unter Lebenden

1. Handelsgewerbe (+)

2. Erwerb unter Lebenden

II. Fortführung des Handelsgeschäfts unter bisheriger Firma (+)

III. Kein Haftungsausschlusses, § 25 II HGB (+)

IV. Rechtsfolge: Haftung des A für Verbindlichkeiten des B

Problem: keine Verbindlichkeit des B, aber evtl. Haftung des B nach § 25 I 1 HGB

1. Erwerb eines Handelsgeschäfts unter Lebenden (+) 2. Fortführung des Handelsgeschäfts unter bisheriger Firma (+) 3. Kein Haftungsausschluss, § 25 II HGB (+) 4. Zwischenergebnis: Haftung des B für Kaufpreisverbindlichkeit des L (+) C. Ergebnis: Zahlungsanspruch des L aus § 433 II BGB, § 25 I 1 HGB (+)

A. Ein Zahlungsanspruch des L gegen A unmittelbar aus § 433 II BGB scheidet aus, da A nicht Vertragspartner des L ist.

B. L könnte aber von A die Zahlung der 2.500 € aus § 433 II BGB, § 25 I 1 HGB verlangen.

Hierfür müssten die Voraussetzungen des § 25 I 1 HGB vorliegen.

I. Es müsste der Erwerb eines Handelsgeschäfts unter Lebenden vorliegen.

1. Da das Fotogeschäft im Handelsregister eingetragen ist, liegt unproblematisch ein **Handelsgewerbe** nach §§ 1, 2 HGB vor.

2. Weiterhin müsste A das **Geschäft unter Lebenden** erworben haben. Für einen solchen Erwerb ist allein der rein tatsächliche Erwerb des Handelsgeschäfts entscheidend. Auch der zeitlich beschränkte Erwerb (z.B. durch Pacht oder Nießbrauch) stellt einen solchen Erwerb i.S.v. § 25 I 1 HGB dar. A hat das Fotogeschäft gepachtet. Es liegt damit ein Erwerb unter Lebenden vor.

II. Auch hat A das Geschäft unter der bisherigen Firma **fortgeführt.** Wie sich aus dem Wortlaut des § 25 I 1 HGB ergibt, hindert ein Nachfolgezusatz die Haftung des Erwerbers nicht.

III. Schließlich liegt auch **kein Haftungsausschluss** nach § 25 II HGB vor.

IV. Damit sind die Voraussetzungen des § 25 I 1 HGB erfüllt. Die Rechtsfolge ist, dass A für alle Verbindlichkeiten des früheren Geschäftsinhabers haftet. Hier ist jedoch problematisch, dass A für eine Kaufpreisforderung haften soll, die aus einem Kaufvertrag zwischen L und K stammt. Damit stellt diese Forderung an sich keine Verbindlichkeit des B dar. Die Kaufpreisforderung könnte aber eine Verbindlichkeit des B sein, wenn er seinerseits für diese gemäß § 25 I 1 HGB haften müsste. Dazu müssten die Voraussetzungen der Vorschrift vorliegen.

1. Der Kauf des Fotogeschäfts stellt einen Erwerb des Handelsgeschäfts unter Lebenden dar.

2. B hat das Fotogeschäft unter der bisherigen Firma weiter geführt.

3. Auch zwischen B und K wurde kein Haftungsausschluss i.S.v. § 25 II HGB vereinbart.

4. Damit haftet B für die Kaufpreisforderung des L gemäß § 25 I 1 HGB.

Somit liegt eine Verbindlichkeit des B vor, für die A ebenfalls nach § 25 I 1 HGB haftet.

C. Ergebnis: L kann von A die Zahlung von 2.500 € aus § 433 II BGB, § 25 I 1 HGB verlangen.

▸ Literatur

📖 Skript „Handelsrecht" Lektion 2
📖 Skript „Basiswissen Handelsrecht"
📖 Lieder, **JA** 2011, 658 *(Klausur u.a. zu § 25 HGB)*
📖 Wernecke, **JA** 2001, 509 ff. (Aufsatz zu §§ 25 ff. HGB)

Fall 6: Schöner erben

▸ **Standort:** Inhaberwechsel kraft Erbfolge

Thomas Trauer (T) betreibt das alteingesessene „Bestattungshaus T. Trauer e.K.". Als er stirbt, wird er von seinem Sohn Sebastian Trauer (S) als Alleinerbe beerbt.

S plant, das Geschäft zu modernisieren und möchte es dem „Zeitgeist anpassen". Aus Pietätsgründen und um eine gewisse Kontinuität zu zeigen, betreibt er das Bestattungsunternehmen zunächst unter der alten Firma weiter. Nach zwei Monaten benennt er das Geschäft in „Trauerbegleitung, Angehörigenbetreuung, Bestattungen Sebastian Trauer" um.

Kurz danach fordert der Malermeister Klaus Klecksel (K) von S 2.800 €. Hierbei handelt es sich um eine Forderung, die noch von T kurz vor dessen Tod begründet wurde. K hatte damals den Ausstellungsraum neu gestrichen und das Geld noch nicht erhalten.

Muss S diesen Betrag zahlen?

<u>Abwandlung:</u> Wie ist die Rechtslage, wenn S das Bestattungsunternehmen von Anfang unter dem neuen Namen geführt hätte?

Anspruch des K gegen S aus § 631 I BGB, §§ 27 I, 25 I 1 HGB

A. Handelsgeschäft zum Nachlass gehörend (+)
B. Fortführung des Handelsgeschäfts unter bisheriger Firma (+)
C. Ausschluss der Haftung nach § 27 II HGB nach hM (-)
D. Ergebnis: Anspruch des K gegen S (+)

Abwandlung:
Kein Zahlungsanspruch, da keine Fortführung der bisherigen Firma

K könnte gegen S einen Anspruch auf Zahlung von 2.800 € aus § 631 I BGB, §§ 27 I, 25 I 1 HGB haben.

Hierfür müsste S ein Handelsgeschäft als Erbe fortgeführt haben.

A. Das Bestattungsunternehmen gehört zum Nachlass.

B. S müsste dieses Handelsgeschäft unter der bisherigen Firma weitergeführt haben. Dies ergibt sich aus dem Verweis auf § 25 HGB in § 27 I HGB.

Gleich nach dem Todesfall hat S das Bestattungsunternehmen unter der ursprünglichen Firma „Bestattungshaus T-Trauer e.K." weitergeführt. Eine Firmenfortführung ist damit gegeben.

Damit liegen die Voraussetzungen für eine Haftung des S nach § 27 I HGB vor.

C. Die Haftung des S könnte allerdings nach § 27 II HGB ausgeschlossen sein, wenn S vor dem Ablauf von drei Monaten das Geschäft eingestellt hat.

Vorliegend hat S die Geschäftstätigkeit nicht völlig aufgegeben, sondern nach zwei Monaten die Firma geändert. Es stellt sich die Frage, ob hierin auch eine Einstellung des Geschäftes zu sehen ist.

Eine Auffassung sieht auch in einer nachträglichen Firmenänderung eine Einstellung der Geschäfte i.S.d. § 27 II HGB. Begründet wird dieses damit, dass die Änderung der Firma ausreichend sei, um den Rechtsschein der Firmenkontinuität zu beseitigen.

Nach dieser Auffassung würde hier eine Einstellung der Geschäfte durch S vorliegen.

Demgegenüber geht die hM davon aus, dass eine nachträgliche Änderung der Firma keine Geschäftseinstellung i.S.d. § 27 II HGB darstellt. Zur Begründung wird angeführt, dass § 27 II HGB die Einstellung der unternehmerischen Tätigkeit selbst voraussetze.

Danach scheidet nach dieser Auffassung im vorliegenden Fall eine Geschäftseinstellung durch S aus.

Für die hM spricht der Wortlaut des § 27 II HGB. Aus diesem lässt sich entnehmen, dass es für die Zerstörung des Rechtsscheins der Firmenkontinuität auf die Aufgabe des Unternehmens als Ganzes ankommt.

Damit ist die Haftung des S nicht gemäß § 27 II HGB ausgeschlossen.

D. Ergebnis: K kann von S die Zahlung von 2.800 € aus § 631 I BGB, §§ 27 I, 25 I 1 HGB verlangen.

Abwandlung

In diesem Fall besteht kein Zahlungsanspruch des K gegen S. Da S von Anfang an das Bestattungsunternehmen unter der neuen Firma geführt hat, fehlt es an der Voraussetzung der Fortführung der bisherigen Firma.

▸ Literatur

🕮 Jakob, **JA** 2008, 101 (Klausur u.a. zu §§ 25, 27 HGB)
🕮 Skript „Handelsrecht" Lektion 2
🕮 Skript „Basiswissen Handelsrecht" (Frage-Antwort)
🕮 Wernecke, **JA** 2001, 509 ff. (Aufsatz zu §§ 25 ff. HGB)

Fall 7: Wenn der Vater mit dem Sohne

▸ **Standort:** OHG; Einzelhandelsgeschäft als Sacheinlage

Horst Holz (H) betreibt in Nürnberg seit über 30 Jahren ein Antiquitätengeschäft, das im Handelsregister unter der Firmenbezeichnung „Antiquitätenhandel Horst Holz“ eingetragen ist.

Um seinen Sohn Sebastian (S), der das Geschäft übernehmen möchte, Gelegenheit zur Einarbeitung zu geben, treffen Vater und Sohn im April die Vereinbarung, das Antiquitätengeschäft als OHG weiterzuführen. Nach der Eintragung der Gesellschaft im Handelsregister Ende Juli eröffnet das Geschäft Anfang August zum ersten Mal unter dem neuen Namen „Antiquitäten An- und Verkauf Horst Holz & Sohn OHG“ (H-OHG).

Malermeister Peter Pinsel (P) hat noch eine offene Rechnung in Höhe von 3.500 € wegen Renovierungsarbeiten, die er im März an der Fassade des Antiquitätengeschäfts durchgeführt hat.

P ist wegen des neuen Geschäftsnamens etwas verwirrt und möchte wissen, von wem er die Zahlung der 3.500 € verlangen kann.

A. Anspruch des P gegen die OHG aus § 631 I BGB, § 124 I HGB

I. Vertragsschluss P – OHG (-)

II. Haftung der OHG für Verbindlichkeit des H, § 28 I 1 HGB

1. Einzelhandelsgewerbe des H (+)
2. Entstehung einer OHG durch Eintritt eines persönlich haftenden Gesellschafters (+)
3. Geschäftsfortführung durch Gesellschaft (+)
4. Kein Haftungsausschluss, § 28 II HGB (+)

III. Ergebnis: Zahlungsanspruch gegen die OHG, § 631 I BGB, §§ 124 I HGB (+)

B. Zahlungsansprüche des P gegen H
I. Zahlungsanspruch aus § 631 I BGB (-)
§ 28 I 1 HGB begründet Schuldbeitritt, keinen Forderungsübergang
II. Zahlungsanspruch aus § 631 I BGB, § 128 S. 1 HGB

C. Zahlungsanspruch des P gegen S aus § 631 I BGB, § 128 S. 1 HGB

D. Ergebnis: Zahlungsanspruch gegen OHG, H und S

A. P könnte von der H-OHG die Zahlung von 3.500 € aus § 631 I BGB i.V.m. § 124 I HGB verlangen.

Voraussetzung für einen Werklohnanspruch ist das Vorliegen eines Werkvertrags.

I. Ein Werkvertrag liegt vor. Dieser wurde aber nicht zwischen P und der H-OHG, sondern zwischen P und H geschlossen.

II. Es kommt jedoch eine Haftung der H-OHG für diese Verbindlichkeit in Betracht, wenn die Voraussetzungen des § 28 I 1 HGB gegeben sind.

1. H müsste sein Geschäft als Einzelkaufmann betreiben.

Vorliegend lassen sich dem Sachverhalt keine Hinweise dafür entnehmen, dass sein Antiquitätengeschäft einen nach Art oder Umfang in kaufmännischer Weise eingerichteten Betrieb erfordert.

Diese Frage kann aber offen bleiben, denn H ist als Kaufmann im Handelsregister eingetragen. Damit gilt sein Unternehmen gemäß § 2 S. 1 HGB als Handelsgewerbe, so dass H Einzelkaufmann ist.

2. Jemand müsste als persönlich haftender Gesellschafter oder als Kommanditist in das Geschäft des H eingetreten sein.

H und S haben sich darüber geeinigt, das Antiquitätengeschäft als OHG zu betreiben. Diese OHG ist gemäß § 123 I HGB im Außenverhältnis wirksam geworden, als sie Ende Juli ins Handelsregister eingetragen wurde. Da die Gesellschafter der OHG persönlich haften, ist diese Voraussetzung des § 128 I S. 1 HGB erfüllt.

3. Die neu gegründete OHG hat das Antiquitätengeschäft als neue Inhaberin weiter geführt.

Dass dies nicht unter dem bisherigen Firmennamen geschah, spielt keine Rolle. Anders als bei § 25 HGB kommt es bei § 28 HGB nicht auf die Fortführung des bisherigen Firmennamens an (vgl. den Wortlaut der Vorschrift).

4. Dem Sachverhalt lassen sich keine Anhaltspunkte für die Vereinbarung eines Haftungsausschlusses i.S.v. § 28 II HGB entnehmen.

5. Als Zwischenergebnis lässt sich damit festhalten, dass die H-OHG nach § 28 I 1 HGB für die Werklohnverbindlichkeit haftet.

III. Damit besteht ein Zahlungsanspruchs des P gegen die OHG in Höhe von 3.500 € gemäß § 631 I BGB i.V.m. § 124 I HGB.

B. Weiterhin könnten P Zahlungsansprüche gegen H zustehen.

I. Zunächst besteht ein Anspruch auf Zahlung der 3.500 € aus § 631 I BGB.

§ 28 I 1 HGB führt nämlich nicht zu einem Übergang der Verbindlichkeit auf die neu entstandene Personenhandelsgesellschaft. Vielmehr stellt diese Vorschrift einen Fall des gesetzlichen Schuldbeitritts dar. Das bedeutet, dass der ursprüngliche Schuldner weiterhin für die Verbindlichkeit einzustehen hat.

II. Da H Gesellschafter der entstandenen H-OHG ist, kann P weiterhin von ihm die Zahlung der 3.500 € aus § 631 I BGB i.V.m. § 128 S. 1 HGB verlangen.

C. Schließlich kann P von S die Zahlung der 3.500 € gemäß § 631 I BGB i.V.m. § 128 S. 1 HGB verlangen. Denn S haftet als Gesellschafter der OHG für deren Verbindlichkeiten.

D. Ergebnis: P kann damit sowohl von der H-OHG, als auch von H und S die Zahlung von 3.500 € verlangen.

▸ Literatur

- 🕮 Skript „Handelsrecht" Lektion 2
- 🕮 Skript „Basiswissen Handelsrecht" (Frage-Antwort)
- 🕮 Wernecke, **JA** 2001, 509 ff. (Aufsatz zu §§ 25 ff. HGB)
- 🕮 Lampenbrecht/Bicker, **JA** 2004, 28 ff. (Klausur zu § 28 HGB)

Fall 8: Ein Schläger kommt selten allein

▸ **Standort:** Kaufmännisches Bestätigungsschreiben

Friedrich Fit (F) betreibt unter der Firma „Sport-Fit, Inh. Friedrich Fit e.K." ein Sportartikelgeschäft.

Er bestellt beim Sportartikelgroßhändler Gernot Groß (G) telefonisch 10 Tennisschläger und 15 Badmintonschläger. Nach einigem zähen Verhandeln einigen F und G sich auf einen „Sonderpreis für treue Kunden" von 50 € pro Tennisschläger und 10 € pro Badmintonschläger. G teilt F noch am Telefon mit, dass alle Artikel lieferbar sind und vereinbart mit ihm einen Liefertermin.

Am Abend desselben Tages schickt G dem F ein Schreiben, in dem er die Bestellung des F sowie den vereinbarten Liefertermin erneut bestätigt. Da er an diesem Tag viel zu tun hatte, verwechselt G aber aus Unachtsamkeit die gewünschten Mengen der einzelnen Positionen. Anstatt 10 Tennisschläger schreibt G 15 Tennisschläger, statt 15 Badmintonschlägern führt er 10 auf. Am nächsten Tag erhält F das Schreiben. Er überfliegt es allerdings nur kurz, so dass ihm die Postenverwechslung nicht auffällt. Er rechnet auch nicht mit einem Fehler des G, da er diesen als penibel kennt und Fehler in seinen Schreiben zuvor noch nie vorgekommen sind.

Als F die Rechnung erhält, trifft ihn der Schlag. Anstatt der von ihm berechneten 650 € soll er G nun 850 € bezahlen. Er weigert sich, diesen Betrag zu zahlen, zumal er bei dem Blick auf die Rechnung feststellt, dass G die Positionen vertauscht hat.

Kann G von F die Zahlung von 850 € verlangen?

Anspruch des G gegen F auf Zahlung von 850 € aus § 433 II BGB
A. Kaufvertrag (+), allerdings mit Gesamtkaufpreis von 650 €
B. Vereinbarter Kaufpreis 850 € nach den Grundsätzen des kaufmännischen Bestätigungsschreibens
I. Persönlicher Anwendungsbereich eröffnet (+)
II. Vorhergehende Vertragsverhandlungen (+)
III. Enger zeitlicher Zusammenhang zu Vertragsverhandlungen (+)
IV. Echtes kaufmännisches Bestätigungsschreiben (+)
V. Genehmigungsfähiger Inhalt (+)
VI. Redlichkeit des Absenders (+)
VII. kein unverzüglicher Widerspruch des F (+)
VIII. Zwischenergebnis: Vereinbarter Kaufpreis 850 € (+)
C. Ergebnis: Zahlungsanspruch des G gegen F aus § 433 II BGB (+)

G könnte von F die Zahlung von 850 € aus § 433 II BGB verlangen.

A. Voraussetzung hierfür ist ein wirksamer Kaufvertrag. Ein Kaufvertrag liegt vor, allerdings haben sich G und F bei ihren Verhandlungen auf einen Gesamtkaufpreis von 650 € geeinigt (10 Tennisschläger à 50 € und 15 Badmintonschläger à 10 €).

B. Allerdings könnte der Kaufvertrag nach den Grundsätzen des kaufmännischen Bestätigungsschreibens mit einem Gesamtkaufpreis i.H.v. 850 € (15 Tennisschläger à 50 €, 10 Badmintonschläger à 10 €) zustande gekommen sein.

Hierfür müssten die Voraussetzungen eines kaufmännischen Bestätigungsschreibens vorliegen.

I. Der persönliche Anwendungsbereich dieser Rechtsfigur ist eröffnet. Sowohl der Absender G als auch der Empfänger F sind **Kaufleute** i.S.v. § 1 HGB.

II. Weiterhin fanden **vorhergehende Vertragsverhandlungen** am Telefon statt.

III. Auch hat G das Schreiben im **engen zeitlichen Zusammenhang** zu den Vertragsverhandlungen abgeschickt. Die Absendung des Schreibens erfolgte noch am selben Abend. Das Schreiben ging F am nächsten Tag zu.

IV. Bei diesem Schreiben muss es sich um ein **echtes kaufmännisches Bestätigungsschreiben** handeln.

Ein solches ist gegeben, wenn in ihm ein vorhergegangener Vertragsschluss bestätigt wird und die wesentlichen Vertragsbedingungen wiedergegeben werden.

G bestätigt in seinem Schreiben den telefonischen Vertragsschluss und gibt die wesentlichen Vertragspunkte wieder. Damit liegt ein echtes kaufmännisches Bestätigungsschreiben vor.

V. Das Bestätigungsschreiben muss einen **genehmigungsfähigen Inhalt** haben.

Ein genehmigungsfähiger Inhalt liegt vor, wenn der Absender damit rechnen kann, dass eventuelle Abweichungen vom tatsächlichen Vertragsschluss vom Empfänger gebilligt werden.

Hier hat G versehentlich die Anzahl der bestellten Tennis- und Badmintonschläger verwechselt. Dabei liegt die Abweichung von jeweils fünf Schlägern in einem Bereich, die ein Sportartikelhändler „verschmerzen" kann. Er hat die Möglichkeit, die fehlenden Schläger schnell nachzubestellen bzw. die zu viel gelieferten Schläger schnell weiterzuveräußern.

Somit konnte G damit rechnen, dass die Abweichung in seinem Schreiben von F gebilligt werden würde. Das Bestätigungsschreiben hat also einen genehmigungsfähigen Inhalt.

VI. Auch war G **redlich.** Er hatte die Positionen in seinem Schreiben nämlich nicht absichtlich, sondern versehentlich vertauscht.

VII. Schließlich darf F dem Inhalt des Bestätigungsschreibens **nicht unverzüglich widersprochen** haben. Hier hat F dem Inhalt des Schreibens überhaupt nicht widersprochen.

VIII. Somit ist ein Kaufvertrag mit einem Kaufpreis von 850 € zustande gekommen.

C. Ergebnis: Damit hat G gegen F einen Zahlungsanspruch i.H.v. 850 € aus § 433 II BGB.

▸ Literatur

🕮 Skript „Handelsrecht" Lektion 5
🕮 Skript „Basiswissen Handelsrecht" (Frage-Antwort)
🕮 v.Wallenberg/Pallas, **JA** 2006, 28 (Kaufm. Bestätigungsschr.)
🕮 Deckert, **JuS** 1998, 121 ff. (Kaufmänn. Bestätigungsschreiben)

Fall 9: Es muss nicht immer Kaviar sein

▸ **Standort:** Einbeziehung von AGB durch kaufmännisches Bestätigungsschreiben; Verlängerung der Rügefrist durch AGB

Der eingetragene Kaufmann Gustav Gourmand (G) ist Inhaber eines Feinkostgeschäfts. Am 17. April ruft ihn der Verkaufsleiter der Delikatessengroßhandels-GmbH (D-GmbH) an und bietet im Rahmen einer Werbeaktion 20 Dosen feinsten russischen Beluga-Kaviar für insgesamt 2.000 € an. G nimmt dieses Angebot an. Noch am selben Tag bestätigt G den Abschluss des Kaufvertrags mit einem Schreiben an die D-GmbH. Das Schreiben ging der D-GmbH am nächsten Tag zu.

Am 24. April werden dem G die Kaviardosen geliefert. Am 30. April meldete sich G bei der D-GmbH und verlangte eine neue Lieferung Kaviar. Er habe die Dosen gleich nach der Ablieferung untersucht und festgestellt, dass der Inhalt verdorben ist, so dass er sie nicht verkaufen konnte.

Die D-GmbH weist diese Forderung zurück, da G diesen Mangel viel zu spät angezeigt habe. G erwidert, die Rüge sei rechtzeitig erfolgt. Seinem Bestätigungsschreiben habe er nämlich seine „Allgemeinen Einkaufsbedingungen" beigefügt und in dem Schreiben auf diese hingewiesen. Seine Einkaufsbedingungen enthalten u.a. folgende Klausel:

„D. Die kaufmännische Rügepflicht ist gewahrt, wenn die Mängelanzeige innerhalb von drei Monaten nach Entdeckung des Mangels abgesandt wird."

Kann G die Nachlieferung von 20 Dosen Kaviar verlangen?

Anspruch des G auf Nachlieferung von 20 Dosen Kaviar nach §§ 437 Nr. 1, 439 I BGB, § 13 I GmbH

A. Kaufvertrag (+)
B. Mangelhaftigkeit des Kaviars bei Gefahrübergang
I. Mangel § 434 I 2 Nr. 1 BGB (+)
II. Vorliegen des Mangels bei Gefahrübergang (§ 446 BGB) (+)
C. Anspruchsausschluss § 377 II HGB

I. Beiderseitiges Handelsgeschäft (+) II. Ablieferung der Ware (+) III. Mangelhaftigkeit der Ware (+) IV. Keine ordnungsgemäße Rüge des Mangels? 1. Unverzügliche Mängelrüge (-) 2. Verlängerung der Rügefrist durch AGB des G a. Einbeziehung nach § 305 II BGB (-) b. Einbeziehung der AGB durch kaufmännisches Bestätigungsschreiben aa. Keine Anwendbarkeit des § 305 II BGB (+) bb. Voraussetzungen kaufmännisches Bestätigungsschreiben (1). Persönlicher Anwendungsbereich eröffnet (+) (2). Vorherige Vertragsverhandlungen (+) (3). Enger zeitlicher Zusammenhang (+) (4). Echtes Kaufmännisches Bestätigungsschreiben (+) (5). Genehmigungsfähiger Inhalt (+) (6). Redlichkeit des Absenders (+) (7). Kein Widerspruch der D-GmbH (+) (8) Zwischenergebnis: AGB des G sind Vertragsbestandteil geworden c. Inhaltskontrolle der AGB aa. Keine Anwendbarkeit der §§ 308, 309 BGB bb. Unwirksamkeit der „Klausel D." nach § 307 II BGB cc. Folge: Rügefrist richtet sich Gesetz, damit Mängelrüge verspätet V. Keine Arglist der D-GmbH, § 377 V HGB (+) VI. Zwischenergebnis: Ware gilt als genehmigt, § 377 II HGB C. Ergebnis: Anspruch des G auf Nachlieferung aus §§ 437 Nr. 1, 439 I BGB, § 13 I GmbH (-)

<u>G könnte gegen die D-GmbH einen Anspruch auf Neulieferung von 20 Dosen Kaviar nach §§ 437 Nr. 1, 439 I BGB, § 13 I GmbHG haben.</u>

Ein solcher Anspruch setzt das Vorliegen eines Kaufvertrages und eines Mangels voraus.

A. Ein Kaufvertrag zwischen G und der D-GmbH liegt vor.

B. Der verkaufte Kaviar müsste bei Gefahrübergang mangelhaft gewesen sein.

I. Es kommt ein Mangel nach § 434 I 2 Nr. 1 BGB in Betracht.

Hierfür müsste der Kaviar für die vorausgesetzte Verwendung nicht geeignet sein. Vorliegend war zwischen F und G stillschweigend vorausgesetzt worden, dass der Kaviar als Lebensmittel weiterverkauft werden soll.

Der Kaviar war verdorben, so dass er von F nicht weiterverkauft werden konnte. Er eignete sich damit nicht für die stillschweigend vorausgesetzte Verwendung (Verkauf als Lebensmittel). Damit liegt ein Mangel nach § 434 I 2 Nr. 1 BGB vor.

II. Dieser Mangel lag auch bei der Ablieferung, also bei Gefahrübergang (vgl. § 446 I 1 BGB), vor.

Damit sind die Voraussetzungen für einen Nacherfüllungsanspruch erfüllt.

C. Dieser Anspruch könnte aber ausgeschlossen sein, wenn die Ware gemäß **§ 377 II HGB als genehmigt** gilt. Dafür müssten die Voraussetzungen des § 377 HGB vorliegen.

I. Es müsste ein **beiderseitiges Handelsgeschäft** gegeben sein.

Handelsgeschäfte sind nach der Definition des § 343 I HGB alle Geschäfte eines Kaufmanns, die zum Betrieb seines Handelsgewerbes gehören.

1. G ist im Handelsregister eingetragen und damit Kaufmann nach §§ 1, 2 HGB. Der Kauf von Kaviar gehört zu seinem Gewerbe als Feinkosthändler. Damit liegt ein Handelsgeschäft auf Seiten des G vor.

2. Die D-GmbH ist als juristische Person gemäß § 6 I HGB, § 13 III GmbHG Kaufmann. Der Verkauf von Kaviar gehört zu ihrem Gewerbe als Delikatessengroßhandel. Damit liegt auch auf Seiten der D-GmbH ein Handelsgeschäft vor.
Es ist ein beiderseitiges Handelsgeschäft gegeben.

II. Die Kaviardosen sind bei G abgeliefert worden.

III. Wie bereits oben dargestellt wurde, war der Kaviar mangelhaft.

IV. Weiterhin dürfte dieser Mangel nicht ordnungsgemäß gerügt worden sein.

1. Eine ordnungsgemäße Rüge liegt vor, wenn diese unverzüglich, also ohne schuldhaftes Zögern (vgl. § 121 I S. 1 BGB) erfolgt.

Hier hat G die Mangelhaftigkeit des Kaviars nicht nach der Ablieferung, sondern erst eine Woche später gegenüber der D-GmbH angezeigt. Da er den Kaviar aber direkt nach der Ablieferung untersucht hat, erfolgte diese Anzeige nicht unverzüglich.

2. Es könnte allerdings sein, dass die Rügefrist durch die „Allgemeinen Einkaufsbedingungen" des G verlängert wurde, so dass die Anzeige nicht verspätet erfolgte.

Bei den „Allgemeinen Einkaufsbedingungen" handelt es sich um AGB i.S.d. § 305 I BGB. Diese führen zu einer Verlängerung der Rügefrist, wenn sie Bestandteil des Kaufvertrags geworden sind.

a. Es liegt keine Einbeziehung nach § 305 II BGB vor. Beim Telefonat hat G nämlich nicht auf seine AGB hingewiesen.

b. Die AGB des G könnten aber durch sein Bestätigungsschreiben Bestandteil des Kaufvertrags geworden sein.

aa. Dieses wäre allerdings nur dann möglich, wenn § 305 II BGB im vorliegenden Fall keine Anwendung findet.

Gemäß § 310 I 1 BGB findet die Vorschrift des § 305 II BGB keine Anwendung, wenn G seine AGB gegenüber einem Unternehmer verwendet hat.

Die D-GmbH ist Unternehmer nach § 14 I BGB. Der Verkauf von Kaviar gehört zu ihrer gewerblichen Tätigkeit als Delikatessengroßhändlerin.

G hat somit seine „allgemeinen Einkaufsbedingungen" gegenüber einem Unternehmer verwendet, so dass § 305 II BGB keine Anwendung findet. Damit reicht im konkreten Fall für die Einbeziehung der AGB in den Vertrag jede Einigung nach §§ 145 ff. BGB.

bb. Damit die AGB durch das Bestätigungsschreiben des G Vertragsbestandteil geworden sind, müssen die Voraussetzungen dieser Rechtsfigur vorliegen.

(1). Der persönliche Anwendungsbereich ist eröffnet. Sowohl G als auch die D-GmbH sind Kaufleute (s.o.).

(2). Es haben Vertragsverhandlungen am Telefon stattgefunden.

(3). Das Schreiben des G erfolgte in engem zeitlichem Zusammenhang zum Vertragsschluss, nämlich am Abend desselben Tages. Es ging der D-GmbH am nächsten Tag zu.

(4). Dieses Schreiben stellt auch ein echtes kaufmännisches Bestätigungsschreiben dar. G bestätigt darin nämlich den Abschluss eines Kaufvertrags und wiederholt die wesentlichen Vertragsbedingungen.

(5). Weiterhin müsste das Schreiben einen genehmigungsfähigen Inhalt haben. G musste damit rechnen dürfen, dass die D-GmbH die Einbeziehung der AGB billigen würde.

Im Handelsverkehr ist es üblich, dass Kaufleute auf ihre AGB verweisen, um diese zur Geltung zu bringen. Weiterhin ist es üblich, Regelungen bezüglich der Mängelrechte und über Rügeobliegenheiten zu treffen.

G konnte daher damit rechnen, dass die D-GmbH die Einbeziehung der AGB billigen würde. Das Bestätigungsschreiben hat damit einen genehmigungsfähigen Inhalt.

(6). Es ist ferner von der Redlichkeit des Absenders G auszugehen. Der Sachverhalt enthält hierzu keine gegenteiligen Anhaltspunkte.

(7). Schließlich fehlt es auch an einem unverzüglichen Widerspruch der D-GmbH gegen den Inhalt des Schreibens. Die D-GmbH hat überhaupt nicht widersprochen.

(8) Somit ist festzustellen, dass die AGB des G durch das kaufmännische Bestätigungsschreiben des G Vertragsbestandteil geworden sind.

c. Damit die „Klausel D“ dieser AGB zur Verlängerung der Rügefrist führt, müsste sie wirksam sein. Sie muss einer Inhaltskontrolle nach §§ 307 ff. BGB standhalten.

aa. Vorliegend richtet sich die Inhaltskontrolle dieser Klausel nur nach § 307 BGB, da die §§ 308, 309 BGB gemäß § 310 I 1 BGB nicht anwendbar sind.

Die „Klausel D.“ kann nach § 307 I, II Nr. 1 BGB unwirksam sein. Dieses ist dann der Fall, wenn sie mit dem wesentlichen Grundgedanken des § 377 HGB nicht vereinbar ist.

Zweck des § 377 HGB ist es, durch die unverzügliche Mängelrüge die Interessen des Verkäufers an einer raschen Abwicklung der Handelsgeschäfte zu schützen. Würde man es zulassen, die Rügefrist auf drei Monate zu verlängern, würde dieser Schutzzweck unterlaufen.

Das bedeutet, dass die „Klausel D“ der „Allgemeinen Einkaufsbedingungen“ des G nach § 307 I, II Nr. 1 BGB unwirksam ist.

bb. Die gesetzliche Rügefrist richtet sich damit gemäß § 306 II BGB nach den gesetzlichen Vorschriften. Danach hätte G die Mangelhaftigkeit des Kaviars nach § 377 I HGB unverzüglich rügen müssen. Seine Mängelmitteilung am 30. April war damit verspätet.

V. Die D-GmbH handelte auch nicht arglistig (vgl. § 377 V HGB).

VI. Da die Voraussetzungen des § 377 HGB vorliegen, gilt der Kaviar nach § 377 II HGB als genehmigt. Die Mängelrechte des G sind damit ausgeschlossen.

C. Ergebnis: G hat damit gegen die D-GmbH keinen Anspruch auf Neulieferung von 20 Dosen Kaviar aus §§ 437 Nr. 1, 439 I BGB.

▸ Literatur

🕮 Skript „Handelsrecht“ Lektion 5
🕮 Skript „Basiswissen Handelsrecht“ (Frage-Antwort)
🕮 Deckert, **JuS** 1998, 121 ff. (Kaufmänn. Bestätigungsschreiben)
🕮 Mankowski/Schneider, **Jura** 2005, 111 ff. (Klausur § 377 HGB, AGB, kaufmännisches Bestätigungsschreiben)
🕮 Emmerich, **JuS** 1997, 98 ff. (Aufsatz Handelskauf)
🕮 Leßmann/Blinne, Jura 2000, 85 ff. (Klausur zu § 377 HGB)

Fall 10: Mit ´nem Kommissionär hat man´s schwer...

▸ **Standort:** Verkaufskommission; Aufrechnung des Käufers mit einer Forderung gegen den Kommissionär

Horst Hülsta (H) hat von seiner Tante ein paar antike Möbel geerbt. Da diese überhaupt nicht zu seinem Einrichtungsgeschmack passen, beauftragt er den Kommissionär Klaus Krempel (K), der sich auf den Verkauf von Antiquitäten spezialisiert hat, mit dem Verkauf der Möbel.

Einige Zeit später verkauft K eine Kommode des H an den langjährigen Kunden Sebastian Sammler (S). Am nächsten Tag tritt K dem H wie vereinbart die Kaufpreisforderung gegen S ab. Die Abtretung wird S aber nicht angezeigt.

Zwei Wochen nach der Lieferung der Kommode zeigt H dem S die Abtretung an und verlangt von ihm die Zahlung des Kaufpreises. S verweigert die Zahlung und führt wahrheitsgemäß aus, dass er die Forderung bereits vor einer Woche gegenüber K beglichen habe. Er hatte nämlich noch eine Darlehensforderung gegen den K in Höhe von 24.000 €. Mit dieser habe er aufgerechnet. H ist hiervon unbeeindruckt und verlangt von S weiterhin die Zahlung des Kaufpreises.

Zu Recht?

Anspruch des H gegen S aus §§ 433 II, 398 BGB

A. Anspruch aus § 433 II BGB direkt (-)
B. Anspruch aus abgetretenem Recht, §§ 433 II, 398 BGB (+)
C. Erlöschen der abgetretenen Forderung durch Aufrechnung
I. Wirksame und fällige Gegenforderung (+)
II. Gegenseitigkeit der aufzurechnenden Forderungen
1. Da S mit Forderung gegen K aufrechnet (-)
2. Fall des § 407 I BGB
a. Rechtsgeschäft in Ansehung der Forderung (+)
b. Keine Kenntnis des S von der Abtretung (+)
3. Ausschluss des § 407 I BGB durch § 392 II HGB
a. Kommissionsvertrag, § 383 HGB (+)
b. S ist Gläubiger des Kommissionärs K, hier nach hM (-), daher Aufrechnung zulässig → Forderung gemäß § 389 BGB erloschen
D. Ergebnis: Zahlungsanspruch des H gegen S (-)

H könnte von S die Zahlung von 24.000 € aus §§ 433 II, 398 BGB verlangen.

A. Ein Anspruch direkt aus § 433 II BGB scheidet aus. Der Kaufvertrag wurde nämlich nicht zwischen S und H, sondern zwischen S und K abgeschlossen. Dieser Vertragsschluss kann H auch nicht gemäß § 164 I BGB zugerechnet werden. K handelte als Kommissionär nämlich nicht in fremdem Namen, sondern im eigenen (vgl. § 383 I HGB).

B. Die Kaufpreisforderung wurde jedoch von K an H abgetreten. K hat daher einen Anspruch auf Zahlung der 24.000 € aus abgetretenem Recht gemäß §§ 433 II, 398 BGB.

C. Dieser Kaufpreisanspruch könnte aber gemäß § 389 BGB durch die Aufrechnung des S mit der Darlehensforderung erloschen sein. Voraussetzung hierfür ist das Bestehen einer Aufrechnungslage gemäß § 387 BGB.

I. Mit der Kaufpreisforderung und der Darlehensforderung stehen sich gleichartige Ansprüche gegenüber. Diese sind auch wirksam und fällig.

II. Problematisch ist hier jedoch die Gegenseitigkeit der aufzurechnenden Forderungen.

1. Grundsätzlich muss sich die Gegenforderung (hier Darlehensforderung) gegen den Gläubiger der Hauptforderung richten (hier H). Dieses ist nicht gegeben, da S mit einer Forderung gegen K aufrechnet.

2. Es liegt aber eine Abtretung der Kaufpreisforderung an H vor. Es könnte daher sein, dass H die Aufrechnung gemäß § 407 I BGB gegen sich wirken lassen muss. Dieses setzt voraus, dass die Voraussetzungen dieser Vorschrift gegeben sind.

a. Die Aufrechnung stellt ein Rechtsgeschäft in Ansehung der Forderung dar.

b. Von der Abtretung hatte S zum Zeitpunkt der Aufrechnungserklärung keine Kenntnis. Die Abtretung der Forderung wurde ihm erst eine Woche nach seiner Aufrechnung mitgeteilt.

Damit liegen die Voraussetzungen des § 407 I BGB vor. Folglich musste H die Aufrechnung gegen sich gelten lassen.

3. Der Anwendbarkeit von § 407 I BGB könnte allerdings die Vorschrift des § 392 II HGB entgegenstehen.

Danach würde die Forderung aus dem Kaufvertrag (also dem Ausführungsgeschäft) bereits vor der Abtretung als Forderung des H gelten, so dass eine Aufrechnung nicht möglich wäre. Es müssten die Voraussetzungen des § 392 II HGB vorliegen.

a. Ein Kommissionsvertrag i.S.v. § 383 HGB ist gegeben.

b. Weiterhin müsste S als Gläubiger des Kommissionärs K anzusehen sein. Dies scheint auf den ersten Blick gegeben zu sein, da er gegenüber K eine Darlehensforderung innehat. Hier besteht aber die Besonderheit, dass S zugleich Schuldner des K aus dem Kaufvertrag über die Kommode (also aus dem Ausführungsgeschäft) ist.

Im Fall, dass ein Gläubiger des Kommissionärs zugleich dessen Schuldner aus dem Ausführungsgeschäft ist, ist die Anwendung des § 392 II HGB umstritten.

Nach der hM ist § 392 II HGB in diesen Fällen nicht anwendbar. Der Geschäftspartner des Kommissionärs sei in seinem Vertrauen zu schützen, dass dieser auch sein Vertragspartner aus dem Ausführungsgeschäft sei (Arg. e § 392 I HGB). Daher dürfe der Dritte auch darauf vertrauen, dass er gegenüber dem Kommissionär aufrechnen könne. Aus diesem Grund muss die Vorschrift des § 392 II HGB teleologisch reduziert werden und eine Aufrechnung ist hiernach zulässig.

Ausnahmsweise ist nach dieser Auffassung eine Aufrechnung nicht zulässig, wenn sich der Vertragspartner die Gegenforderung arglistig verschafft hat oder die Aufrechnung ein Verstoß gegen § 242 BGB darstellen würde.

Folgt man dieser Auffassung, wäre die Aufrechnung des S gegenüber K zulässig. Es sind keine Anzeichen für ein arglistiges oder treuwidriges Handeln des S erkennbar.

Die Gegenauffassung in der Literatur lässt eine Aufrechnung nur dann zu, wenn die Gegenforderung aus dem Ausführungsgeschäft stammt (sog. konnexe Forderung). Bei Forderungen, die nicht aus dem Ausführungsgeschäft stammen, sei der Vertragspartner nicht schützenswert, so dass eine Aufrechnung wegen § 392 II HGB unwirksam sei.
Nach dieser Auffassung wäre die Aufrechnung des S unwirksam, da S nicht mit seiner Forderung aus dem Aus-

führungsgeschäft aufrechnet. H müsste sie nicht gegen sich gelten lassen.

Für die hM spricht, dass das Innenverhältnis des Kommissionärs zum Kommittenten grundsätzlich das Außenverhältnis zu Dritten unberührt lässt. Dem Dritten sollen durch die Existenz des Kommittenten keine Rechte genommen werden. Würde man den § 392 II HGB nicht einschränkend auslegen, würden ihm seine Rechte als Schuldner des Kommissionärs genommen werden. Denn grundsätzlich hat er als Schuldner die Wahl, ob er seine Verbindlichkeit durch Zahlung oder Erfüllungssurrogate, wie z.B. die Aufrechnung, zum Erlöschen bringt. Daher ist dieser Auffassung zu folgen.

§ 392 II HGB ist also auf den vorliegenden Fall nicht anwendbar, so dass H die Aufrechnung des S gemäß § 407 I BGB gegen sich gelten lassen muss. Daraus folgt, dass seine Forderung gegen den S gemäß § 389 BGB erloschen ist.

D. Ergebnis: H hat folglich gegen S keinen Anspruch auf Zahlung von 24.000 € aus §§ 433 II, 398 BGB.

▸ Literatur

📖 Skript „Handelsrecht“ Lektion 4

📖 Skript „Basiswissen Handelsrecht“ (Frage-Antwort)

Fall 11: GbR für Anfänger

▸ **Standort:** GbR, Haftung der Gesellschaft für vertragliche Ansprüche

Anton Arber (A), Berthold Bach (B) und Caesar Czuck (C) betreiben gemeinsam die Grundstücksverwaltungsgesellschaft „ABC Immo-Verwaltung GbR“ (ABC-GbR). Zweck dieser Gesellschaft ist die Verwaltung von gesellschaftseigenen Wohnhäusern. A, der nach dem Gesellschaftsvertrag als einziger zur Geschäftsführung und Vertretung der GbR befugt ist, kauft beim Möbelhändler M im Namen der Gesellschaft 30 Kleiderschränke zu je 70 €, um damit einen Studentenappartement-Wohnkomplex auszustatten.

Kann M von der ABC-GbR die Zahlung von 2.100 € verlangen?

Zahlungsanspruch gegen GbR aus § 433 II BGB?
A. Kaufvertrag A-M (+)
B. Zurechnung Vertragsschluss
I. Bestehende GbR bei Vertragsschluss (+)
II. Rechtsfähigkeit der GbR nach hM (+)
III. Wirksame Stellvertretung der Gesellschaft, § 164 BGB (+)
C. Ergebnis: Anspruch gegen GbR aus § 433 II BGB (+)

M könnte von der ABC-GbR die Zahlung von 2.100 € aus § 433 II BGB verlangen.

Hierfür müsste ein der ABC-GbR zurechenbarer Kaufvertrag vorliegen.

A. Ein Kaufvertrag liegt vor. Dieser wurde zwischen M und A geschlossen.

B. Dieser Vertragsschluss müsste der ABC-GbR zuzurechnen sein.

I. Dies setzt voraus, dass bei Abschluss des Kaufvertrags eine GbR bestand.

A, B und C haben vereinbart, in Form einer Gesellschaft Grundstücke zu verwalten. Sie haben damit eine Gesellschaft gegründet, die einen gemeinsamen Zweck verfolgt. Dieser gemeinsame Zweck ist nicht auf den Betrieb eines Handelsgewerbes i.S.v. § 1 II HGB gerichtet. Es könnte sich ferner um eine OHG handeln. Eine Gesellschaft, die ihr eigenes Vermögen verwaltet, ist eine OHG, wenn sie im Handelsregister eingetragen ist (§ 105 II HGB). Vorliegend lassen sich dem Sachverhalt keine Anhaltspunkte für eine Handelsregistereintragung der ABC-GbR entnehmen. Damit lag bei Vertragsschluss eine GbR vor.

II. Weiterhin müsste die GbR Träger von Rechten und Pflichten sein können. Es stellt sich somit die Frage nach der **Rechtsfähigkeit der GbR.** Dies ist umstritten:

1. Die früher hM (die sogenannte individualistische Gesamthandsvermögenslehre) lehnt eine Rechtsfähigkeit der GbR ab.

Dieses wird damit begründet, dass sich aus §§ 714 ff. BGB keinerlei Anhaltspunkte für eine Rechtsfähigkeit der GbR entnehmen lassen. Träger von Rechten oder Pflichten können daher nur die Gesellschafter sein.

2. Die heute hM (die so genannte Theorie der kollektiven Einheit) geht davon aus, dass die GbR Trägerin von Rechten und Pflichten sein kann. Sie ist teilrechtsfähig.

Nach dieser Auffassung hat der historische Gesetzgeber die Frage der Rechtsfähigkeit bewusst offen gelassen. Aus dem Fehlen von Hinweisen für eine Rechtsfähigkeit in §§ 714 ff. BGB könne nicht zwingend geschlossen werden, dass die GbR nicht rechtsfähig ist.

Für die letztgenannte Auffassung spricht vor allem, dass sie eine einheitliche Anwendung des Gesamthandsprinzips auf alle Personengesellschaften ermöglicht. Auf diese Weise können viele Streitigkeiten gelöst werden, für die die bisherige hM keine beziehungsweise nur unbefriedigende Lösungsansätze geliefert hat. Daher wird der heute hM gefolgt.

Die GbR kann folglich Trägerin von Rechten und Pflichten sein.

III. Schließlich müsste die ABC-GbR beim Vertragsschluss von A wirksam gemäß § 164 I BGB vertreten worden sein.

A hat eine eigene Willenserklärung abgegeben. Dies tat er ausdrücklich im Namen der Gesellschaft. Auch handelte er als alleingeschäftsführungs- und vertretungsberechtigter Gesellschafter mit der erforderlichen Vertretungsmacht. Er hat die GbR damit wirksam vertreten.
Der Vertragsschluss kann somit der ABC-GbR zugerechnet werden.

C. Ergebnis: M kann von der ABC-GbR die Zahlung von 2.100 € aus § 433 II BGB verlangen.

▸ Literatur

🕮 Skript „Gesellschaftsrecht“ Lektion 1
🕮 Skript „Basiswissen Gesellschaftsrecht“ (Frage-Antwort)
🕮 Habermeier, **JuS** 1998, 865 ff. (Grundfragen)
🕮 Weber, **JuS** 2000, 313 ff. (Begriff und Voraussetzungen)
🕮 Schultzky/Weissinger, **Jura** 2001, 886 ff. (Rechtsfähigkeit)

Fall 12: GbR für Anfänger – Teil II

▸ **Standort:** GbR, Beschränkung der Vertretungsmacht auf das Gesellschaftsvermögen, Haftung eines GbR-Gesellschafters

Nachdem M erfahren hat, dass er einen Anspruch gegen die ABC-GbR hat, macht er dennoch diesen Anspruch nicht gegen sie geltend. Er hat nämlich erfahren, dass die Gesellschaft inzwischen in Zahlungsschwierigkeiten geraten ist. Stattdessen möchte er sich das Geld von dem sehr wohlhabenden B holen.

B weist das Ansinnen des M zurück. Er weist darauf hin, dass – was zutrifft – der A durch den Gesellschaftsvertrag lediglich befugt ist, das Gesellschaftsvermögen zu verpflichten. Weiterhin sollte A bei Abgabe von Erklärungen für die Gesellschaft den Zusatz „als Vertreter der ABC-GbR mbH" verwenden. Diesen Zusatz hat A bei Unterzeichnung des Kaufvertrags auch seiner Unterschrift zugefügt.

Kann M von B trotzdem die Bezahlung des Kaufpreises verlangen?

Anspruch des M auf Zahlung der 2.100 €

A. Haftung der Gesellschafter für Verbindlichkeit der Gesellschaft
I. frühere hM: Theorie der Doppelverpflichtung
II. heute hM: Akzessorietätstheorie
B. Haftungsbeschränkung auf Gesellschaftsvermögen
I. Durch Individualvereinbarung (-)
II. Durch Begrenzung der Vertretungsmacht
1. Doppelverpflichtungstheorie (+)
2. Akzessorietätstheorie (-)
3. Stellungnahme zugunsten der hM
C. Ergebnis: Anspruch des M auf Zahlung der 2.100 € aus
§ 433 II BGB, § 128 HGB analog (+)

<u>M könnte von B die Zahlung von 2.100 € gem. § 433 II BGB verlangen.</u>

Nach der heutigen hM (der hier gefolgt wird; vgl. Fall 11) wird die GbR als teilrechtsfähiges Rechtssubjekt angesehen, das selbst am Rechtsverkehr teilnehmen und Vertragspartnerin sein kann.

A. Streitig ist, nach welchem Haftungsmodell die Gesellschafter einer GbR für vertragliche Verbindlichkeiten haften.

I. Die früher hM (Theorie der Doppelverpflichtung) geht davon aus, dass bei einem Handeln im Namen der Gesellschaft auch die Gesellschafter mit verpflichtet werden.

Dieses wird damit erklärt, dass der handelnde Gesellschafter in seinem eigenen Namen, im Namen seiner Mitgesellschafter und im Namen der GbR handelt, wenn er im Namen der Gesellschaft den Vertrag schließt. Demgemäß wird bei Vorliegen einer entsprechenden Vollmacht eine Haftung der GbR und ihrer Gesellschafter begründet.

Folgt man dieser Auffassung, besteht ein Anspruch gegen B aus § 433 II BGB.

II. Die heute hM (Akzessorietätstheorie) geht davon aus, dass primär die Gesellschaft verpflichtet wird.

Handelt ein Gesellschafter im Namen der Gesellschaft, liegt nur ein Handeln im Namen der GbR vor. Der Gesellschafter handelt dagegen nicht im eigenen Namen und auch nicht im Namen der Mitgesellschafter. Das bedeutet, dass nur die Gesellschaft vertreten wird. Die Gesellschafter einer GbR haften dann für die Verbindlichkeit der Gesellschaft akzessorisch gemäß § 128 HGB analog.

Nach dieser Auffassung besteht ein Zahlungsanspruch gegen B gemäß § 433 II BGB i.V.m. § 128 HGB analog.

Da nach beiden Ansichten der B grundsätzlich zur Zahlung verpflichtet ist, kann eine Entscheidung zwischen den verschiedenen Ansichten unterbleiben.

B. Es stellt sich aber die Frage, ob B nicht zahlen muss, weil die Haftung auf das Vermögen der GbR beschränkt wurde.

I. Unproblematisch kann eine solche Haftungsbeschränkung durch eine Individualvereinbarung mit dem Gläubiger erreicht werden. Eine solche Vereinbarung zwischen M und der ABC-GbR liegt hier nicht vor.

II. Eine Haftungsbeschränkung auf das Gesellschaftsvermögen der ABC-GbR könnte aber durch den Zusatz „Vertreter der ABC-GbR mbH“ eingetreten sein, den A seiner Unterschrift anfügte.

1. Nach der Doppelverpflichtungstheorie kann eine Haftungsbeschränkung auf das Gesellschaftsvermögen durch eine Beschränkung der Vertretungsmacht eintreten. Dieses setzt aber voraus, dass die Haftungsbeschränkung für den Geschäftspartner erkennbar ist.

Vorliegend war M die Beschränkung der Vertretungsmacht durch den Zusatz „GbR mbH“ erkennbar. Folglich hatte A keine Vertretungsmacht, den B zu verpflichten.

2. Nach der Akzessorietätstheorie kann eine Haftungsbeschränkung durch eine Beschränkung der Vertretungsmacht nicht eintreten.

Der Grund hierfür ist, dass die Haftung des Gesellschafters nicht auf einer Vertretung, sondern auf § 128 HGB analog und damit auf Gesetz beruht. Danach besteht ein Anspruch des M gegen B.

3. Der Akzessorietätstheorie ist zu folgen. Der Ausgangspunkt der Doppelverpflichtungstheorie, dass der handelnde

Gesellschafter im Namen der Gesellschaft, im eigenen Namen und im Namen der Mitgesellschafter handelt, beruht größtenteils auf fiktiven Willenserklärungen.

Weiterhin widerspricht die Möglichkeit der einseitigen Haftungsbeschränkung allgemeinen Haftungsgrundsätzen. Es gilt der Grundsatz, dass derjenige, der am Geschäftsverkehr teilnimmt, für seine Verpflichtungen haftet, solange sich aus dem Gesetz oder einer Vereinbarung nicht etwas anderes ergibt. Würde man die GbR mbH zulassen, so würden die speziellen gesetzlichen Gesellschaftsformen zur Erreichung einer Haftungsbeschränkung (KG, GmbH, AG) unterlaufen werden. Dieses wäre mit dem Numerus Clausus der Gesellschaftsformen nicht vereinbar.

Damit scheidet eine Haftungsbegrenzung auf das Gesellschaftsvermögen der ABC-GbR mbH aus. B haftet somit für die Verbindlichkeit der Gesellschaft.

C. Ergebnis: M kann von B die Zahlung von 2.100 € aus § 433 II BGB i.V.m. § 128 HGB analog verlangen.

▸ Literatur

🕮 Skript „Gesellschaftsrecht“ Lektion 1

🕮 Skript „Basiswissen Gesellschaftsrecht“ (Frage-Antwort)

🕮 Habermeier, **JuS** 1998, 865 ff. (Grundfragen)

🕮 Weber, **JuS** 2000, 313 ff. (Begriff und Voraussetzungen)

🕮 Schultzky/Weissinger, **Jura** 2001, 886 ff. (Rechtsfähigkeit)

Fall 13: Auch Eintreten will gelernt sein ....

▸ **Standort:** OHG; fehlerhafte Gesellschaft; Haftung für Altverbindlichkeiten

Karl Korn (K) und Lutz Lumumba (L) sind Gesellschafter der im Handelsregister eingetragenen K&L-OHG, die einen Getränkegroßhandel betreibt. Sie planen die Eröffnung neuer Filialen und benötigen dafür Kapital. Daher überreden sie Sebastian Schotter (S) zur Beteiligung an ihrem Unternehmen. Die Drei einigen sich darüber, dass S Gesellschafter der OHG werden soll. Die OHG führt nach dem Beitritt des S die Geschäfte fort. S wird in der Folgezeit nicht als Gesellschafter ins Handelsregister eingetragen.

Drei Monate später erfährt S von seinem Steuerberater, dass die OHG nahezu zahlungsunfähig ist. Es stellt sich heraus, dass K und L dem S bei den Beitrittsverhandlungen gefälschte Geschäftsbücher vorgelegt hatten, um ihn zum Eintritt in die OHG zu bewegen. Daraufhin erklärt S gegenüber K und L wutentbrannt die Anfechtung seiner Beitrittserklärung wegen arglistiger Täuschung. Damit sieht S die Sache als erledigt an.

Zwei Monate später tritt die Bierbrauerei B an S heran und verlangt von ihm die Zahlung von 2.000 € für eine Bierlieferung an die OHG. Der Kaufvertrag hierüber wurde von der OHG vor dem Beitritt des S geschlossen. S verweigert die Zahlung. Zum einen sei der Kaufvertrag vor seinem Beitritt zur OHG geschlossen worden. Zum anderen sei er niemals als Gesellschafter der OHG im Handelsregister eingetragen worden und berufe sich auf das Schweigen des Handelsregisters.

Muss S trotzdem die 2.000 € an B zahlen?

Zahlungsanspruch der B gegen S in Höhe von 2.000 € aus § 433 II BGB, § 128 S. 1 HGB
A. Verbindlichkeit der Gesellschaft (+)
B. Haftung des S nach § 128 S. 1 HGB
I. Haftung des S für Altverbindlichkeit, § 130 HGB, wenn wirksamer Beitritt
1. Beitrittserklärung gemäß § 142 BGB nichtig (Anfechtung)
2. Wirksamer Beitritt nach den Grundsätzen der fehlerhaften Gesellschaft
a. Fehlerhafter Beitrittsvertrag (+)
b. Tatsächliche Invollzugsetzung der Gesellschaft nach Beitritt (+)
c. Keine entgegenstehenden Interessen (+)
d. Rechtsfolge: Gesellschafterstellung ist für Zukunft kündbar
3. Zwischenergebnis: Haftung des S nach §§ 128 S. 1, 130 HGB (+)
II. Erlöschen der Haftung durch Anfechtung des Beitritts (-)
III. Ausschluss nach § 15 HGB (-)
C. Ergebnis: Anspruch B gegen S auf Zahlung von 2.000 € aus § 433 II BGB, § 128 S. 1 HGB (+)

B könnte gegen S einen Zahlungsanspruch in Höhe von 2.000 € aus § 433 II BGB, § 128 S. 1 HGB haben.

Dann müsste S als Gesellschafter nach § 128 S. 1 HGB für die Verbindlichkeit der K & L-OHG haften.

A. Eine Verbindlichkeit der Gesellschaft liegt unproblematisch vor.

B. Für diese Verbindlichkeit haftet S nach § 128 S. 1 HGB, wenn er Gesellschafter der OHG ist.

I. Hier ist die Verbindlichkeit vor dem Beitritt des S zur Gesellschaft entstanden. Auch für diese Verbindlichkeit haftet S nach § 130 HGB. Voraussetzung hierfür ist, dass ein wirksamer Beitritt des S zur Gesellschaft vorliegt.

1. S hat mit K und L einen Vertrag geschlossen, in dem alle Modalitäten eines Beitritts niedergelegt wurden.

Allerdings hat S seine Beitrittserklärung wegen arglistiger Täuschung angefochten. Damit ist diese gemäß § 142 I BGB als von Anfang an nichtig zu betrachten und es fehlt an einem wirksamen Beitrittsvertrag.

2. Allerdings kommt hier ein wirksamer Eintritt des S in die OHG nach den **Grundsätzen der fehlerhaften Gesellschaft** in Betracht. Denn es ist anerkannt, dass diese Grundsätze auch im Falle eines fehlerhaften Gesellschaftereintritts anwendbar sind.

Damit der Beitritt des S in die OHG als wirksam betrachtet werden kann, müssten die Voraussetzungen der fehlerhaften Gesellschaft erfüllt sein.

a. Der Beitrittsvertrag zwischen K, L und S ist aufgrund der erfolgten Anfechtung durch S fehlerhaft.

b. Der Beitritt des S muss tatsächlich in Vollzug gesetzt worden sein.

Der Eintritt des S wurde nicht im Handelsregister eingetragen. S wurde aber nach seinem Beitritt zur Gesellschaft an der Geschäftsführung beteiligt. Ferner hat die OHG nach dem Beitritt des S weiter ihre Geschäfte getätigt, so dass die OHG nach dem Beitritt in Vollzug gesetzt wurde (§ 123 II HGB). Damit wurde auch der Beitritt des S in Vollzug gesetzt.

c. Es lassen sich auch keine entgegenstehenden überwiegenden Einzel- oder Allgemeininteressen erkennen.

d. Rechtsfolge ist, dass der fehlerhafte, aber vollzogene Gesellschafterbeitritt des S für die Vergangenheit als voll wirksam zu betrachten ist.

S kann jedoch seine Mitgliedschaft in der OHG jederzeit beenden. Dies hat durch eine Kündigung aus wichtigem Grund nach §§ 105 HGB, 723 BGB zu erfolgen. Damit scheidet S aus der Gesellschaft nach § 131 III 1 Nr. 3 HGB aus.

Da S keine ausdrückliche Kündigung seiner Mitgliedschaft erklärt hat, ist er weiterhin als Gesellschafter der OHG anzusehen.

3. Damit haftet S für die Kaufpreisforderung gegen die OHG nach §§ 128 S. 1, 130 HGB.

II. Es stellt sich die Frage, ob der Anspruch nicht durch die Anfechtung seiner Mitgliedschaftserklärung erloschen ist, wenn diese Erklärung zugleich als Kündigung aus wichtigem Grund ausgelegt werden könnte.

Dieses hätte jedoch keinen Einfluss auf die Haftung des S. Dies ergibt sich aus der Regelung des § 160 HGB, der das Fortbestehen einer Haftung nach Austritt aus der Gesellschaft festschreibt.

III. S könnte aber gemäß § 15 I HGB geltend machen, dass er niemals Gesellschafter der K&L-OHG gewesen ist, da sein Eintritt nicht im Handelsregister eingetragen wurde.

Auch ein fehlerhafter Eintritt eines Gesellschafters in eine OHG ist nach § 107 HGB eintragungspflichtig.

Die Argumentation des S geht aber ins Leere. Denn S ist nicht berechtigt, sich auf das Schweigen des Handelsregisters zu berufen. Dieses Recht steht nur dem Dritten, also dem Geschäftspartner, zu und nicht demjenigen, in dessen Angelegenheiten die Sache einzutragen war.

C. Ergebnis: B kann von S die Zahlung von 2.000 € aus § 433 II BGB, §§ 128 S. 1, 130 HGB verlangen.

▸ Literatur

🕮 Skript „Gesellschaftsrecht“ Lektion 2
🕮 Skript „Basiswissen Gesellschaftsrecht“ (Frage-Antwort)
🕮 Habermeier, **JuS** 1998, 865 ff. (Grundfragen)
🕮 Maultzsch, **JuS** 2003, 544 ff. (fehlerhafte Gesellschaft)

Fall 14: „Das ist mir Wurst“

▸ **Standort:** OHG, Schadensersatzpflicht eines Geschäftsführers bei Überschreitung der Geschäftsführungsbefugnis

In der Kanzlei von Rechtsanwalt Dr. Rasch (R) erscheinen Claus Cervelat (C) und Martin Mortadella (M).

Die beiden betreiben zusammen mit Bernd Bock (B) einen Im- und Exporthandel für Fleischdelikatessen, der im Handelsregister als „BMC-OHG“ eingetragen ist. Im Gesellschaftsvertrag ist B als Alleingeschäftsführer der Gesellschaft bestimmt.

Da die Geschäfte gut laufen, möchte B gerne expandieren. Auf einer Gesellschafterversammlung schlägt er deshalb vor, eine zusätzliche Lagerhalle anzumieten. Dieser Vorschlag wird von C und M aber abgelehnt. Trotzdem mietet B eine weitere Lagerhalle für 3.000 € monatlich an. Der Mietvertrag ist auf 6 Monate befristet, die Miete wird aus dem Gesellschaftsvermögen gezahlt. Die Geschäfte entwickeln sich aber nicht wie von B erwartet, die Halle wird gar nicht genutzt. Deshalb wird der Mietvertrag auch nicht verlängert.

C und M möchten jetzt wissen, ob B wegen dieser Aktion haftbar gemacht werden kann.

Anspruch der OHG gegen B aus § 280 I BGB
A. Anwendbarkeit des § 280 I BGB (+)
B. Voraussetzungen des § 280 I BGB
I. Schuldverhältnis (+)
II. Pflichtverletzung (+)
III. Vertretenmüssen des B, § 280 I 2 BGB (+)
IV. Rechtsfolge: Haftung des B (+)
C. Ergebnis: Anspruch der OHG gegen B aus § 280 I BGB (+)

<u>Die BCM-OHG könnte gegen B einen Anspruch auf Schadensersatz i.H.v. 18.000 € aus § 280 I BGB haben.</u>

Dann müsste B eine Pflicht aus einem Schuldverhältnis verletzt haben.

A. Es ist jedoch fraglich, ob vorliegend die Vorschrift des § 280 I BGB überhaupt anwendbar ist. Denn es kommt eine Überschreitung der Geschäftsführungsbefugnis des B in Betracht.

I. Man könnte der Auffassung sein, dass der geschäftsführende Gesellschafter in diesem Fall außerhalb des gesellschaftsvertraglichen Bereichs handelt, so dass die Vorschriften der GoA (§§ 677 ff. BGB) Anwendung finden.

II. Diese Auffassung übersieht aber, dass die GoA das Fehlen einer vertraglichen Beziehung voraussetzt. Bei einer OHG ergeben sich die Rechte und Pflichten des Geschäftsführers aus dem Gesellschaftsvertrag. Diese vertragliche Grundlage bleibt auch bestehen, wenn der Geschäftsführer seine Befugnisse überschreitet. Damit fehlt es an einer Voraussetzung für die Anwendung der §§ 677 ff. BGB.

Daher ist der hM zu folgen, so dass im vorliegenden Fall § 280 I BGB Anwendung findet.

B. Die Voraussetzungen des § 280 I BGB müssten vorliegen.

I. Ein Schuldverhältnis ist in Form des Gesellschaftsvertrags gegeben.

II. Weiterhin müsste B eine Pflichtverletzung begangen haben. Hier kommt eine Verletzung von § 116 HGB in Betracht.

Die Anmietung einer neuen Lagerhalle stellt keine Handlung dar, die der gewöhnliche Betrieb eines Handelsgewerbes mit sich bringt (vgl. § 116 I HGB). Vielmehr war nach § 116 II HGB ein Beschluss aller Gesellschafter erforderlich.

Hier haben C und M der Anmietung einer neuen Halle ausdrücklich widersprochen. B wäre demnach verpflichtet gewesen, die Anmietung der Lagerhalle zu unterlassen. Da B trotzdem den Mietvertrag abgeschlossen hat, hat er diese Pflicht verletzt.

III. Diese Pflichtverletzung müsste B zu vertreten haben, vgl. § 280 I 2 BGB.

Hier ist zu beachten, dass sich das Verschulden eines Geschäftsführers nach § 105 III HGB i.V.m. § 708 BGB bestimmt. Das bedeutet, dass er nur die *eigenübliche Sorgfalt* i.S.v. § 277 BGB schuldet. Danach haftet der Geschäftsführer nur wegen grober Fahrlässigkeit bzw. nach § 276 III BGB für Vorsatz.

Hier wusste B, dass C und M die Zustimmung zur Anmietung der Halle verweigert haben. Die Anmietung der Halle und damit die Pflichtverletzung erfolgten somit vorsätzlich. B hat mithin die Pflichtverletzung zu vertreten.

IV. Als Rechtsfolge hat B der BCM-OHG alle entstandenen Schäden zu ersetzen.

Hätte B sich korrekt verhalten und den Mietvertrag nicht abgeschlossen, hätte die Gesellschaft nicht 18.000 € Miete zahlen müssen.

C. Ergebnis: Der BCM-OHG steht damit gegen B ein Schadensersatzanspruch i.H.v. 18.000 € aus § 280 I BGB zu.

▸ Literatur

🕮 Skript „Gesellschaftsrecht“ Lektion 2
🕮 Habermeier, **JuS** 1998, 865 ff. (Grundfragen)

Fall 15: „Das ist mir jetzt erst recht Wurst"

▸ **Standort:** OHG; actio pro socio

Nachdem Rechtsanwalt R C und M mitgeteilt hat, dass B gegenüber der OHG zum Schadensersatz verpflichtet ist, fordern sie den B auf, 18.000 € an die OHG zu zahlen. Da B sich trotz mehrmaliger Aufforderung weigert, dies zu tun, überlegen sie, ihn gerichtlich zu zwingen, an die OHG zu zahlen. C und M wenden sich an RA R und wollen wissen, ob eine solche Klage Aussicht auf Erfolg hätte.

Erfolgsaussichten der Klage von C und M
A. Zulässigkeit der Klage
I. Allgemeine Zulässigkeitsvoraussetzungen
II. Problem: Prozessführungsbefugnis
1. actio pro socio (+)
2. Problem: Weitere Voraussetzungen bei actio pro socio erforderlich ?
B. Begründetheit der Klage (+)
C. Ergebnis: Klage hätte Aussicht auf Erfolg

Die Klage hätte Aussicht auf Erfolg, wenn sie zulässig und begründet wäre.

A. Zulässigkeit der Klage

I. Der Rechtsanwalt muss die Zulässigkeitsvoraussetzungen beachten. Das bedeutet insbesondere, dass eine ordnungsgemäße Klageeinreichung beim örtlich und sachlich zuständigen Gericht zu erfolgen hat.

II. Hier ist besonders problematisch, dass die Gesellschafter C und M nicht zur Vertretung der Gesellschaft befugt sind. Zudem verlangen sie keine Zahlung an sich, sondern an die OHG. Es stellt sich daher die Frage, ob C und M überhaupt prozessführungsbefugt sind. Prozessführungsbefugnis bedeutet die Fähigkeit, ein Recht in eigenem Namen geltend machen zu können (vgl. § 51 ZPO).

Hier könnte es an dieser Prozessführungsbefugnis fehlen, da C und M einen Anspruch der Gesellschaft in ihrem Namen geltend machen wollen. Die Geltendmachung eines fremden Rechts in eigenem Namen ist nur dann möglich, wenn ein Fall der *Prozessstandschaft* gegeben ist.

I. Bei einer Klage der Gesellschafter in eigenem Namen auf Leistung an die Gesellschaft spricht man von einer sog. **actio pro socio** (auch Gesellschafterklage). Diese stellt nach einhelliger Meinung einen Fall der Prozessstandschaft dar. Streitig ist hierbei nur, ob es sich um eine gewillkürte oder um eine gesetzliche Prozessstandschaft handelt. Diese Frage ist für den vorliegenden Fall aber nicht relevant.

II. Daneben ist umstritten, ob bei einer actio pro socio noch weitere Voraussetzungen gegeben sein müssen.

1. Eine Ansicht geht davon aus, dass die actio pro socio nur dann zulässig ist, wenn die Vertretungsorgane trotz vorheriger Aufforderung untätig geblieben sind. Hier haben M und C den Geschäftsführer B mehrfach aufgefordert, den ausstehenden Schadensersatz i.H.v. 18.000 € an die OHG zu zahlen. Damit wäre die actio pro socio zulässig.

2. Eine andere Ansicht geht von der allgemeinen Zulässigkeit der actio pro socio aus. Allerdings kann der in Anspruch genommene Gesellschafter den Einwand des Rechtsmissbrauchs nach § 242 BGB erheben, wenn die Klageerhebung gegen ihn einen Verstoß gegen gesellschaftsvertragliche Treuepflichten darstellt. Hier kann B diese Einrede nicht erheben. Er hat durch sein Verhalten, insbesondere die Zahlungsverweigerung, selbst Anlass zur Klageerhebung gegeben.

3. Damit ist nach beiden Ansichten die actio pro socio zulässig. Die Prozessführungsbefugnis von C und M ist gegeben.

Folglich wäre eine Klage zulässig.

B. Begründetheit der Klage

Da, wie bereits dargelegt, der BCM-OHG ein Schadensersatzanspruch gegen B zusteht (vgl. Fall 14), wäre die Klage auch begründet.

C. Ergebnis: Die Klage von C und M wäre zulässig und begründet und hätte damit Aussicht auf Erfolg.

▸ **Literatur**

🕮 Skript „Gesellschaftsrecht" Lektion 2
🕮 Skript „Basiswissen Gesellschaftsrecht" (Frage-Antwort)
🕮 Habermeier, **JuS** 1998, 865 ff. (Grundfragen)
🕮 Müller-Graff, **JuS** 1992, 388 ff. (actio pro socio)

Fall 16: Viele Köche verderben den Brei

▸ **Standort:** OHG; Vertretung nach § 125 III HGB

Michael Mixer (M) und Olaf Ofen (O) sind Gesellschafter der „M & O Großküchenzubehör OHG" (M & O-OHG), deren Gesellschaftszweck mit dem Betrieb eines Großhandels für Großküchen angegeben ist. Im Handelsregister ist ebenfalls eingetragen, dass entweder O alleine oder M gemeinsam mit dem Prokuristen Paul Prokter (P) zur Geschäftsführung und Vertretung der OHG berechtigt ist.

Da die Geschäfte gut laufen und M und P daher oft auf Geschäftsreisen sind, erteilen sie gemeinsam dem Ulrich Unter (U) Prokura. Diese Prokuraerteilung teilt M den Geschäftspartnern der OHG sofort mit. Als M und P mal wieder auf einer Fachmesse sind, verkauft U dem Kantineninhaber Freddy Fraß (F), einem langjährigen Kunden der OHG, eine Großkücheneinrichtung für 70.000 €.

Eine Woche später meldet sich F bei M und teilt ihm mit, dass er an einer Lieferung der Geräte kein Interesse mehr habe. Auch wolle er die vereinbarte Bezahlung nicht leisten. Er habe nämlich erfahren, dass U von P zum Prokuristen ernannt worden sei. Dies sei so aber nicht zulässig. Außerdem sei U noch gar nicht im Handelsregister eingetragen. Daher lägen keine wirksame Vertretung durch U und auch kein wirksamer Kaufvertrag mit der OHG vor. Mithin sei F nicht zur Zahlung des Kaufpreises verpflichtet.

Ist F im Recht oder muss er doch zahlen?

Zahlungsanspruch der OHG gegen F i.H.v. 70.000 € aus § 433 II BGB?
A. Wirksame Vertretung der OHG durch U
I. Eigene Willenserklärung des U (+)
II. In fremdem Namen (+)
III. Im Rahmen seiner Vertretungsmacht
1. Kaufvertrag von § 49 HGB gedeckt (+)
2. Wirksamkeit der Prokura des U
a. Unwirksamkeit wegen fehlender Eintragung (-)
b. Wirksame Prokuraerteilung an U durch M und P nach hM (+)
B. Ergebnis: Anspruch der M & O-OHG aus § 433 II BGB (+)

Die M & O-OHG könnte gegen F einen Zahlungsanspruch i.H.v. 70.000 € aus § 433 II BGB haben.

Voraussetzung für einen solchen Anspruch ist ein wirksamer Kaufvertrag zwischen der M & O-OHG und F.

Eine OHG kann gemäß § 124 I HGB eigene Ansprüche erwerben. Voraussetzung hierfür ist eine wirksame Vertretung der Gesellschaft beim Vertragsschluss.

A. Daraus folgt, dass die M & O-OHG gegen F einen Kaufpreisanspruch hat, wenn U sie beim Abschluss des Kaufvertrags gemäß § 164 I BGB wirksam vertreten hat.

I. U hat eine eigene Willenserklärung abgegeben.

II. Dieses tat er im Namen der M&O-OHG. Es liegt jedenfalls ein unternehmensbezogenes Geschäft gemäß § 164 I 2 BGB vor.

III. Schließlich müsste U im Rahmen der ihm zustehenden Vertretungsmacht gehandelt haben.

1. U ist als Prokurist berechtigt, Kaufverträge abzuschließen. Das vorliegende Geschäft ist damit von § 49 HGB gedeckt.

2. Es stellt sich aber die Frage, ob die Prokura des U überhaupt wirksam ist.

a. Eine Unwirksamkeit der Prokura ergibt sich nicht daraus, dass die Prokuristenstellung des U nicht im Handelsregister eingetragen wurde. Die Handelsregistereintragung hat nämlich nur deklaratorische Wirkung.

b. Es kommt aber eine unwirksame Prokuraerteilung an U in Betracht. Vorliegend wurde U von M und P gemeinschaftlich zum Prokuristen bestellt.

Dies war notwendig, da nach dem Gesellschaftsvertrag M und P nur gemeinschaftlich zur Geschäftsführung und Vertretung berechtigt sind. Es liegt somit eine sog. *unechte Gesamtvertretung* (Vertretung der Gesellschafter in Gemeinschaft mit einem Prokuristen) nach § 125 III HGB vor. Eine unechte Gesamtvertretung ist nur zulässig, wenn daneben noch eine Einzel- oder Gesamtvertretung möglich ist (vgl. § 125 III 1 HGB). Dies ist gegeben, da auch eine Einzelvertretungsbefugnis durch O bestand.

Problematisch ist jedoch der unterschiedliche Umfang der Vertretungsmacht von M und P. M ist gemäß § 126 I HGB berechtigt, Prokura zu erteilen, während P gemäß §§ 49 HGB i.V.m. 48 I HGB hierzu nicht berechtigt ist.

Aus dieser Diskrepanz zwischen §§ 126 I HGB und § 49 HGB ergibt sich das Problem, dass bei einer unechten Gesamtvertretung eigentlich keine Prokura erteilt werden könnte. Das bedeutet, dass der organschaftliche Vertreter einer Personenhandelsgesellschaft seine ihm obliegenden Aufgaben nicht erfüllen kann.

Um diesen Konflikt zu lösen, erweitert die hM deshalb den Umfang der Vertretungsmacht des Prokuristen auf den Umfang, der dem Gesellschafter zusteht. Danach kann der Prokurist gemeinsam mit dem Gesellschafter alle Geschäfte vornehmen, zu denen der Gesellschafter nach § 126 HGB befugt ist.

Somit durfte P gemeinsam mit M dem U eine wirksame Prokura erteilen, so dass dieser mit Vertretungsmacht gehandelt hat.

Damit hat U die M & O-OHG wirksam vertreten.

B. Ergebnis: Folglich kann die M&O-OHG von F die Zahlung von 70.000 € aus § 433 II BGB verlangen.

▸ **Literatur**

🕮 Skript „Handelsrecht" Lektion 4
🕮 Skript „Gesellschaftsrecht" Lektion 2
🕮 Skript „Basiswissen Gesellschaftsrecht" (Frage-Antwort)
🕮 Drexl/Mentzel, **Jura** 2002, 289 ff. (Vertretung im HR)
🕮 Drexl/Mentzel, **Jura** 2002, 375 ff. (Vertretung im HR)
🕮 Habermeier, **JuS** 1998, 865 ff. (Grundfragen)

Fall 17: Keine Probleme als Kommanditist?

▸ **Standort:** KG; Haftung einer Personenhandelsgesellschaft für vertragliche Ansprüche; unbeschränkte Haftung eines Kommanditisten

Informatikstudent Christian Cobol (C) will sich nach seinem Studium mit einem Computergroßhandel selbständig machen. Er hat zwar viel Ahnung von Computern, aber nicht genügend Startkapital. Es gelingt ihm aber, die beiden BWL-Studenten Klaus Knete (K) und Sebastian Schotter (S) für sein Vorhaben zu interessieren. Die beiden sehen das Entwicklungspotenzial des Vorhabens und erklären sich bereit, sich mit jeweils 15.000 € am Geschäft des C zu beteiligen. Mehr wollen S und K aber keinesfalls zahlen. Außerdem haben sie kein Interesse daran, Geschäftsführer des Geschäfts zu werden. Deshalb soll C Alleingeschäftsführer werden.

Im Januar setzen C, K und S ihren Plan in die Tat um und gründen die „C & Co. Computerhandel KG" („C & Co. KG"). Ihre Einlagen erbringen K und S unmittelbar nach der Unterzeichnung des Gründungsvertrages. Damit die C & Co. KG möglichst schnell mit dem Geldverdienen anfangen kann, beschließen C, K und S, mit der Aufnahme der Geschäfte nicht bis zur Handelsregistereintragung zu warten. C beginnt deshalb unverzüglich damit, sich nach Geschäftsräumen und Geschäftsaustattung umzusehen. Nachdem dieses erledigt ist, kauft er im Februar beim Computerhersteller „MEGACOMP" (M) im Namen der C & Co. KG 20 Rechner im Wert von insgesamt 17.000 €. Es wird vereinbart, dass der Kaufpreis bis Ende Mai gestundet wird.

Im April erfolgt die Eintragung der C & Co. KG im Handelsregister. Anfang Juni wendet sich M an K und verlangt von ihm die Zahlung des Kaufpreises für die Computer. K verweigert die Zahlung. M müsse sich zunächst an die Gesellschaft halten. Außerdem müsse er sowieso nicht zahlen, da er seine Einlage in voller Höhe erbracht habe. Muss K die 17.000 € bezahlen?

Anspruch der M gegen K aus § 433 II BGB, §§ 176 I, 128 S.1 HGB A. Verbindlichkeit der KG I. Kaufvertragsschluss M – C (+) II. Zurechnung Vertragsschluss 1. Bestehende KG bei Vertragsschluss (+) 2. Rechtsfähigkeit der KG, §§ 161 II, 124 I HGB (+) 3. Wirksame Vertretung der KG B. Haftung des K als Kommanditist I. Haftung gemäß § 171 I HGB wegen erbrachter Einlage (-) II. Haftung gemäß §§ 176 I, 128 S. 1 HGB 1. KG betreibt Handelsgewerbe (+) 2. Geschäftsbeginn vor Eintragung der KG ins Handelsregister (+) 3. Zustimmung des K zum Geschäftsbeginn (+) 4. Keine Kenntnis der M von der Kommanditistenstellung (+) C. Kein Erlöschen der Haftung durch Eintragung der KG D. Ergebnis: Zahlungsanspruch des M gegen K aus § 433 II BGB, §§ 176 I, 128 S. 1 BGB (+)

M könnte von K die Zahlung von 17.000 € aus § 433 II BGB, §§ 176 I, 128 S. 1 HGB verlangen.

Voraussetzung für einen solchen Anspruch ist eine Verbindlichkeit der C & Co. KG, für die K persönlich haftet.

A. Es könnte eine Verbindlichkeit der C & Co. KG gemäß § 433 II BGB, §§ 161 II, 124 I HGB vorliegen.

I. C und M haben im Februar einen Kaufvertrag über 20 Computer im Wert von insgesamt 17.000 € geschlossen.

II. Dieser Vertragsschluss müsste der C & Co. KG zuzurechnen sein.

1. Hierfür müsste die C & Co. KG bei Vertragsschluss bestanden haben. C, K und S haben im Januar eine Gesellschaft gegründet, deren Zweck auf den Betrieb eines Computergroßhandels und damit auf ein Handelsgewerbe i.S.v. § 1 II HGB gerichtet ist. Weiterhin haben sie vereinbart, dass K und S nur bis zur Höhe ihrer Einlage haften. Damit haben K, C und S eine KG gegründet. Diese Gesellschaft ist im Außenverhältnis gemäß § 123 II HGB durch die Aufnahme der Geschäfte wirksam geworden.

2. Die C & Co. KG ist gemäß §§ 161 II, 124 I HGB rechtsfähig und kann damit Vertragspartner sein.

3. C hat die C & Co. KG auch beim Vertragsschluss wirksam vertreten. Er gab eine eigene Willenserklärung im Namen der Gesellschaft ab. Weiterhin war er gemäß §§ 161 II, 125 I, 114 II HGB als Alleingeschäftsführer zur Vertretung befugt.

Damit kann der Vertragsschluss zwischen C und M der C & Co. KG zugerechnet werden. Es liegt eine Verbindlichkeit der Gesellschaft vor.

B. Für diese Verbindlichkeit müsste K als Kommanditist haften.

I. Eine Haftung gemäß § 171 I HGB scheidet vorliegend aus. K hat seine Einlage bereits in voller Höhe erbracht.

II. Vorliegend ist der Kaufpreisanspruch der M gegen die KG vor der Eintragung der Gesellschaft ins Handelsregister entstanden. Der Kaufvertrag wurde von C im Februar abgeschlossen, die Eintragung der C & Co. KG erfolgte erst im April. Es kommt daher eine unbeschränkte Haftung des K gemäß §§ 176 I, 128 S. 1 HGB in Betracht.

1. Die erste Voraussetzung hierfür ist, dass die C & Co. KG ein Handelsgewerbe betreibt. Dieses ist, wie bereits dargelegt, der Fall.

2. Weiterhin nahm die C & Co. KG ihre Geschäfte im Februar, also noch vor der Eintragung der Gesellschaft ins Handelsregister (April), auf.

3. Diesem vorzeitigen Geschäftsbeginn hat K auch zugestimmt.

4. Schließlich hatte M keine Kenntnis davon, dass K nur Kommanditist der C & Co. KG ist. Damit haftet K für die Verbindlichkeit der KG gemäß §§ 176 I, 128 S. 1 HGB.

C. Es könnte aber sein, dass die Haftung des K durch die Eintragung der C & Co. KG in das Handelsregister wieder erloschen ist. Man könnte überlegen, die Rechtsprechung zur Handelndenhaftung nach § 11 II GmbHG auf die Haftung des Kommanditisten gemäß § 176 HGB zu übertragen.

Dies ist aber abzulehnen. Eine eingetragene KG ist keine Gesellschaft ohne persönliche Gesellschafterhaftung. Anders als bei der GmbH haften bei einer Personenhandelsgesellschaft auch die Gesellschafter. Weiterhin hat die Haftung des Kommanditisten nach § 176 HGB eine andere Aufgabe als die Haftung des Handelnden nach § 11 II GmbHG. Die Haftung nach § 11 II GmbHG soll die Gläubiger absichern, da die GmbH erst mit der Eintragung ins Handelsregister entsteht (vgl. § 11 I GmbHG). Demgegenüber stellt die unbeschränkte Kommanditistenhaftung einen Fall des Vertrauensschutzes dar.

Aufgrund dieser Unterschiede ist eine Anwendung der Rechtsprechung zu § 11 II GmbHG auf § 176 HGB abzulehnen. Daher erlischt die Haftung des K nicht mit der Eintragung der KG ins Handelsregister.

D. Ergebnis: M hat gegen K einen Anspruch auf Zahlung von 17.000 € aus § 433 II BGB, §§ 176 I, 128 S. 1 HGB.

▸ Literatur

🕮 Skript „Gesellschaftsrecht“ Lektion 3
🕮 Skript „Basiswissen Gesellschaftsrecht“ (Frage-Antwort)
🕮 Habermeier, **JuS** 1998, 865 ff. (Grundfragen)
🕮 Müller-Graff, **JuS** 1992, 493 ff. (Aufsatz zu § 176 HGB)
🕮 Eckert, **Jus** 1996, 122 ff. (Aufsatz zu § 176 HGB)

Fall 18: Noch mehr Ärger als Kommanditist

▶ **Standort:** Haftung der KG für deliktisches Verhalten; Anwendungsbereich des § 176 HGB

Sebastian Schotter (S) hat von der Sache mit seinem Studienkollegen Klaus Knete (K) erfahren (siehe Fall 17). Deshalb hofft er inständig, dass ihm so etwas nicht widerfahren möge.

Seine Hoffnung erfüllt sich leider nicht: Im Juni meldet sich bei ihm Peter Pech (P) und verlangt die Zahlung von 25.000 €. Bei diesem Betrag handelt es sich um eine Schadensersatzforderung. Im März war ihm Christian Cobol (C) bei einer Lieferfahrt mit dem Firmenwagen mit überhöhter Geschwindigkeit in die Beifahrerseite seines nagelneuen Autos gefahren, so dass dieses einen Totalschaden erlitt.
Der Unfall ereignete sich, weil C seine Aufmerksamkeit während der Fahrt lieber seinem neuen MP3-Player anstatt dem Straßenverkehr widmete, so dass er die Vorfahrt des P missachtete. Muss S den Schaden des P ersetzen?

A. Anspruch aus § 831 I 1 BGB, §§ 176 I, 128 S. 1 HGB (-)

B. Anspruch aus §§ 18 I, 7 I StVG, §§ 176 I, 128 S. 1 HGB
I. Verbindlichkeit der KG
1. Fehlerhaftes Verhalten des C (+)
2. Zurechnung gemäß § 31 BGB analog
a. Gesellschafterstellung des C (+)
b. Unfall bei Ausführung einer ihm zustehenden Verrichtung (+)
c. Ersatzpflicht begründende Handlung (+)
II. Haftung des S als Kommanditist
1. Haftung gemäß § 171 I HGB wegen erbrachter Einlage (-)
2. Haftung gemäß §§ 176 I, 128 S. 1 HGB (-)
§ 176 HGB ist bei deliktischen Ansprüchen nicht anwendbar (hM)
III. Ergebnis: Kein Anspruch aus §§ 18 I, 7 I StVG, 176 I, 128 S. 1 HGB

C. Anspruch aus § 823 I BGB, §§ 176 I, 128 S.1 HGB (-)

D. Ergebnis: Kein Zahlungsanspruch des P gegen S

A. P hat gegen S keinen Anspruch auf Schadensersatz aus § 831 I 1 BGB i.V.m. §§ 176 I, 128 S. 1 HGB.

C ist Gesellschafter der C & Co. KG. Es fehlt an einem Über-/Unterordnungsverhältnis. Er ist damit kein Verrichtungsgehilfe der Gesellschaft.

B. P könnte gegen S aber einen Anspruch auf Schadensersatz i.H.v. 25.000 € aus §§ 18 I, 7 I StVG, §§ 176 I, 128 S. 1 HGB haben.

I. Hierfür müsste eine Verbindlichkeit der C & Co. KG vorliegen.

1. C hat einen Verkehrsunfall verursacht.

2. Dieses fehlerhafte Verhalten des C könnte der KG gemäß § 31 BGB analog zugerechnet werden.

a. Die erste Voraussetzung für eine Zurechnung ist erfüllt, da C Gesellschafter der C & Co. KG ist.

b. Der Unfall geschah bei einer Lieferfahrt mit dem Firmenwagen und damit in Ausführung einer C zustehenden Verrichtung.

c. Dieser Verkehrsunfall stellt eine Handlung dar, die eine Ersatzpflicht begründet. Der C wäre S gemäß §§ 7 I, 18 I 1 StVG zur Zahlung von Schadensersatz verpflichtet.

Das fehlerhafte Verhalten des C kann der C & Co. KG somit gemäß § 31 BGB analog zugerechnet werden.

II. Für diese Verbindlichkeit der KG müsste S als Kommanditist haften.

1. Eine Haftung gemäß § 171 I HGB scheidet vorliegend aus. S hat seine Einlage bereits in voller Höhe erbracht.

2. Es ist jedoch zu beachten, dass der Verkehrsunfall im März, also vor der Eintragung der C & Co. KG ins Handelsregister, stattfand. Daher kommt eine unbeschränkte Haftung des S nach §§ 176 I, 128 S. 1 HGB in Betracht.

Vorliegend hat P einen Anspruch auf Schadensersatz gegen die C & Co. KG aus §§ 7 I, 18 I StVG, § 31 BGB analog, §§ 161 II, 124 I HGB. Es stellt sich allerdings die Frage, ob eine unbeschränkte Haftung des S für deliktische Ansprüche gerechtfertigt ist.

a. Eine Auffassung geht davon aus, dass § 176 HGB auch auf deliktische Ansprüche gegen eine KG Anwendung findet.

Dies wird damit begründet, dass § 176 HGB neben einem Gutglaubensschutz auch die Sanktion für eine Nichtbeachtung der Registervorschriften enthält. Dieser Sanktionszweck bezüglich der unterlassenen Eintragung stehe selbständig neben dem beabsichtigten Schutz der Geschäftspartner der KG. Aus diesem Grund sei eine unbeschränkte Haftung der Kommanditisten für deliktische Ansprüche gerechtfertigt.

b. Dem gegenüber ist nach der hM § 176 HGB nicht auf deliktische Ansprüche anwendbar.

Zwar enthalte diese Vorschrift eine Sanktion für die unterlassene Eintragung der Gesellschaft vor Geschäftsbeginn, der Hauptzweck des § 176 HGB sei aber der Vertrauensschutz des Geschäftspartners. Bei unerlaubten Handlungen außerhalb des Geschäftsverkehrs spiele der gute Glaube aber keine Rolle.

Der letztgenannten Auffassung ist zu folgen. Eine unbeschränkte Haftung der Kommanditisten steht im Widerspruch zum Normzweck des § 176 HGB, der einen abstrakten Vertrauensschutz darstellt. Dieser spielt im Unrechtsverkehr keine Rolle („Wo typischerweise nicht vertraut werden kann, scheidet auch der Vertrauensschutz aus.“).

Demnach ist die Vorschrift § 176 HGB vorliegend nicht anwendbar.

III. P hat folglich keinen Anspruch gegen S auf Schadensersatz gemäß §§ 18 I, 7 I StVG, §§ 176 I, 128 S. 1 HGB.

C. Aus demselben Grund scheidet auch ein Schadensersatzanspruch aus § 823 I BGB, §§ 176 I, 128 S. 1 HGB aus.

D. Ergebnis: P hat keine Schadensersatzansprüche gegen S.

▸ Literatur

🕮 Skript „Gesellschaftsrecht“ Lektion 3
🕮 Skript „Basiswissen Gesellschaftsrecht“ (Frage-Antwort)
🕮 Habermeier, **JuS** 1998, 865 ff. (Grundfragen)
🕮 Müller-Graff, **JuS** 1992, 493 ff. (Aufsatz zu § 176 HGB)
🕮 Eckert, **Jus** 1996, 122 ff. (Aufsatz zu § 176 HGB)

Fall 19: GmbH - und gut?

▸ **Standort:** GmbH-Recht; Gründungsstadien der GmbH; Haftungsverfassung der Vorgründungsgesellschaft

Sebastian Schall (S) und Tobias Ton (T) arbeiten als Verkäufer in einem Elektronikgroßmarkt. Wegen des schlechten Betriebsklimas macht ihnen diese Tätigkeit allerdings immer weniger Spaß. Sie beschließen deshalb, sich mit einem Geschäft für Luxus-Stereoanlagen selbstständig zu machen.

Um ihr persönliches Haftungsrisiko wegen der hohen Investitionen zu begrenzen, gründen S und T Mitte April die „Schall & Ton Luxus-Stereo GmbH“ („S & T-GmbH“). Im schriftlichen Gründungsvertrag wird vereinbart, dass S der Alleingeschäftsführer der Gesellschaft sein soll. Darüber hinaus herrscht zwischen S und T Einvernehmen darüber, dass die Gesellschaft sofort mit ihren Geschäften beginnen soll.

Dementsprechend fängt S am nächsten Tag an, alles in die Wege zu leiten, so dass wie geplant am 1. Juni Geschäftseröffnung gefeiert werden kann. Am 1. Juli wird die S & T-GmbH im Handelsregister eingetragen. Am 4. Juli wendet sich plötzlich die „Stereo Manufaktur Leo Laut e.K.“ (L) an T und verlangt von ihm die Zahlung von 10.000 €. Bei diesem Betrag handelt es sich um eine noch offene Forderung für 10 handgefertigte Schallplattenspieler, die S 5 Tage vor der notariellen Beurkundung des Gesellschaftsvertrages am 17. Mai im Namen der „Schall & Ton Luxus-Stereo GmbH i.G.“ („S&T-GmbH i.G.“) bei L gekauft hat.

Fordert L von T die Zahlung der 10.000 € zu Recht?

Anspruch des L auf Zahlung aus § 433 II BGB, § 128 S. 1 HGB
A. Verbindlichkeit der S & T-GmbH i.G. als OHG
I. Kaufvertrag S – L (+)
II. Zurechnung Vertragsschluss
1. Bestehende OHG bei Vertragsschluss (+)
2. Rechtsfähigkeit der OHG, § 124 I HGB (+)
3. Wirksame Vertretung der OHG, § 164 I BGB
B. Übergang Verbindlichkeit auf GmbH durch Eintragung ins Handelsregister (-)
C. Haftung des T als Gesellschafter nach § 128 S.1 HGB
D. Ergebnis: L hat gegen T Zahlungsanspruch aus § 433 II BGB, § 128 S. 1 HGB

L könnte gegen T einen Anspruch auf Zahlung von 10.000 € aus § 433 II BGB i.V.m. § 128 S. 1 HGB haben.

Voraussetzung für diesen Anspruch ist, dass T als Gesellschafter für eine Verbindlichkeit einer OHG haftet.

A. Hierfür müsste L einen Kaufpreisanspruch gegen die S & T GmbH i.G. (= in Gründung) als Vorgründungsgesellschaft in Form einer OHG haben gemäß § 433 II BGB i.V.m. § 124 I HGB.

Ist der Gründungsvertrag einer GmbH noch nicht notariell beurkundet, liegt eine **Vorgründungsgesellschaft** vor. Diese ist – abhängig vom verfolgten Zweck – entweder eine GbR oder eine OHG. Im vorliegenden Fall wurde der Kaufvertrag vor der notariellen Beurkundung des Gesellschaftsvertrages abgeschlossen, so dass eine Vorgründungsgesellschaft gegeben ist.

I. Zwischen L und S wurde ein Kaufvertrag über 10 Plattenspieler zum Gesamtpreis von 10.000 € abgeschlossen.

II. Dieser Vertragsschluss müsste der S & T GmbH i.G. zugerechnet werden können.

1. Hierzu müsste im Zeitpunkt des Vertragsschlusses eine OHG vorgelegen haben.

S und T haben sich geeinigt, gemeinsam ein Geschäft für Luxusstereoanlagen zu betreiben. Damit lagen zwei verbindliche Einigungserklärungen i.S.v. § 705 BGB vor. Der Zweck dieser Gesellschaft i.S.d. § 105 I HGB ist auf den Betrieb eines Handelsgewerbes i.S.v. § 1 II HGB gerichtet, es liegt also eine OHG vor. Die OHG ist im Außenverhältnis durch die Aufnahme der Geschäfte gemäß § 123 II HGB wirksam geworden.

2. Die S & T GmbH i.G. kann als OHG gemäß § 124 I HGB Verpflichtungen eingehen.

3. Die S & T GmbH i.G. muss von S beim Vertragsschluss gemäß § 164 I BGB wirksam vertreten worden sein.

S gab eine eigene Willenserklärung ab. Dieses tat er ausdrücklich in fremdem Namen, nämlich im Namen der GmbH i.G. Auch handelte er als Alleingeschäftsführer gemäß § 125 I i.V.m. § 114 II HGB mit Vertretungsmacht. S hat die GmbH i.G. damit wirksam vertreten.

Damit ist der Kaufvertragsschluss des S der S&T-GmbH i.G. zuzurechnen.

B. Die Verbindlichkeit ist auch nicht durch die Eintragung der S & T GmbH ins Handelsregister am 1. Juli auf diese übergegangen. Es gilt der Grundsatz der Diskontinuität zwischen Vorgründungsgesellschaft und der späteren GmbH.

C. Als Gesellschafter der OHG haftet T gemäß § 128 S. 1 HGB persönlich für die Verbindlichkeit der S & T GmbH i.G.

D. Ergebnis: L kann daher von T gemäß § 433 II BGB i.V.m. § 128 S. 1 HGB die Zahlung von 10.000 € verlangen.

▸ Literatur

🕮 Skript „Gesellschaftsrecht“ Lektion 5

🕮 Drygala, Jura 2003, 433 ff. (Probleme der Vor-GmbH)

Fall 20: GmbH – und gut? Teil II

▸ **Standort:** GmbH-Recht; Gründungsstadien der GmbH; Haftungsverfassung der Vorgründungsgesellschaft

Wie Fall 19, mit dem Unterschied, dass S die Plattenspieler erst am 18. Mai gekauft hat.

Welche Ansprüche stehen L in diesem Fall zu?

Ansprüche des L auf Zahlung von 10.000 € gegen die S & T-GmbH bzw. S und T

A. Zahlungsanspruch gegen die S & T-GmbH aus § 433 II BGB, 13 I GmbHG

I. Kein Kaufvertrag L - S&T-GmbH, vgl. § 11 I GmbHG

II. Kaufpreisanspruch gegen die S&T-GmbH i.G. als Vor-GmbH, der auf die S&T-GmbH übergegangen ist

1. Kaufvertrag L – S (+)

2. Zurechnung Vertragsschluss

a. Bestehende Vor-GmbH bei Vertragsschluss (+)

b. Rechtsfähigkeit der Vor-GmbH (+)

c. Wirksame Vertretung der Vor-GmbH, § 164 I BGB

3. Übergang der Verbindlichkeit auf GmbH mit Eintragung ins Handelsregister (+)

III. Ergebnis: Zahlungsanspruch des L gegen die S & T-GmbH aus § 433 II BGB, § 13 I GmbHG (+)

B. Zahlungsansprüche gegen S und T

I. Zahlungsanspruch gegen S und T als Gründungsgesellschafter (-), Erlöschen der Haftung mit Handelsregistereintragung der S & T-GmbH

II. Zahlungsanspruch gegen S und T aus § 11 II GmbHG

1. S und T als Handelnde, nur bezüglich S (+)

2. Handeln im Namen der Gesellschaft (str.)

3. Erlöschen der Haftung mit Registereintragung der GmbH (+)

4. Ergebnis: Anspruch gegen S bzw. T aus § 11 II GmbHG (-)

<u>L könnte von der S & T GmbH sowie gegen S und T einen Anspruch auf Zahlung von 10.000 € haben.</u>

A. L könnte gegen die S & T GmbH einen Zahlungsanspruch aus § 433 II BGB i.V.m. § 13 I GmbHG haben.

I. Zwischen der GmbH und L ist es allerdings nicht direkt zu einem Kaufvertragsschluss gekommen. Am 18. Mai existierte die GmbH gemäß § 11 I GmbHG als solche noch gar nicht, sondern erst durch die Eintragung ins Handelsregister am 1. Juli.

II. L könnte aber einen Kaufpreisanspruch gegen die S & T GmbH i.G. erlangt haben. Dieser Anspruch gegen die Vorgesellschaft der S & T GmbH könnte dann am 1. Juli mit der Eintragung ins Handelsregister auf die GmbH übergegangen sein.

1. Zwischen S und L wurde ein Kaufvertrag geschlossen.

2. Dieser Kaufvertragsschluss müsste der S & T GmbH i.G. zurechenbar sein.

Dies setzt voraus, dass die Vorgesellschaft der GmbH zum Zeitpunkt des Vertragsschlusses wirksam bestand, als solche Vertragspartner sein konnte und von S wirksam vertreten wurde.

a. Die Vorgesellschaft der S & T GmbH ist mit notarieller Beurkundung des GmbH-Gründungsvertrages am 17. Mai wirksam entstanden. Sie bestand damit zum Zeitpunkt des Kaufvertragsschlusses.

b. Die Vor-GmbH kann als solche Vertragspartner sein. Die Vorgesellschaft wird als wesensgleiches Minus der GmbH angesehen. Deshalb wird sie weitestgehend wie eine GmbH behandelt und ist wie die GmbH formell und materiell rechtsfähig.

c. S müsste die S & T GmbH i.G. beim Abschluss des Kaufvertrags wirksam vertreten haben, § 164 BGB.

S gab eine eigene Willenserklärung ab. Dieses tat er ausdrücklich in fremdem Namen, nämlich im Namen der GmbH i.G.

Problematisch ist hier allerdings, ob S auch mit Vertretungsmacht gehandelt hat.

Gemäß § 35 I GmbHG analog wird die Vor-GmbH durch ihren oder ihre Geschäftsführer vertreten. S ist vorliegend Alleingeschäftsführer der Gesellschaft.

Es ist aber umstritten, ob die Vertretungsmacht des Geschäftsführers durch den Zweck der Vor-GmbH begrenzt ist.

Eine Auffassung lehnt eine solche Beschränkung ab und gewährt dem Geschäftsführer einer Vor-GmbH gemäß § 37 II GmbHG analog eine unbeschränkte Vertretungsmacht. Danach hat S vorliegend mit Vertretungsmacht gehandelt.

Eine andere Auffassung geht davon aus, dass bei der Vor-GmbH die Vertretungsmacht des Geschäftsführers auf notwendige Gründungsgeschäfte beschränkt ist. Ausnahmsweise soll eine unbeschränkte Vertretungsmacht vorliegen, wenn ein Unternehmen als Sacheinlage eingebracht wird oder alle Gesellschafter dem Geschäftsbeginn zustimmen. Vorliegend haben die Gesellschafter S und T einvernehmlich beschlossen, dass die Gesellschaft sofort mit ihren Geschäften beginnen soll. Auch nach dieser Ansicht hat S also mit Vertretungsmacht gehandelt.

Da S nach beiden Ansichten mit Vertretungsmacht gehandelt hat, ist eine Entscheidung zwischen den oben genannten Auffassungen nicht erforderlich.

S hat die S & T GmbH i.G. wirksam vertreten, weshalb der Kaufvertragsschluss des S der GmbH i.G. zuzurechnen ist.

3. Als die S & T GmbH am 1. Juli ins Handelsregister eingetragen wurde, ist die Kaufpreisverbindlichkeit der Vor-GmbH auf die GmbH übergegangen. Nach einhelliger Auffassung stellt die Vor-GmbH eine notwendige Vorstufe der GmbH dar. Mit der Eintragung wird aus der Vor-GmbH eine vollrechtsfähige GmbH, auf die sämtliche Rechte und Pflichten automatisch übergehen (Prinzip der Kontinuität zwischen Vor-GmbH und GmbH).

III. L kann damit von der S & T GmbH gemäß § 433 II BGB i.V.m. § 13 I GmbHG die Zahlung von 10.000 € verlangen.

B. Weiterhin könnte L gegen S und T einen Anspruch auf Zahlung von 10.000 € haben.

I. Zunächst kommt ein Anspruch gegen S und T als Gründungsgesellschafter der S & T GmbH i.G. in Betracht.

Es war lange Zeit umstritten, ob und wie die Gründungsgesellschafter einer GmbH haften:

- Eine Auffassung verneint in analoger Anwendung des § 13 II GmbHG eine persönliche Haftung der Gründungsgesellschafter.

- Eine andere Auffassung befürwortet eine persönliche Haftung gemäß § 128 HGB analog.

- Weiterhin wird vertreten, dass die Gründungsgesellschafter gemäß § 171 HGB analog haften.

Die heutige hM geht von einer unbeschränkten Haftung der Gründungsgesellschafter im Innenverhältnis, also nur gegenüber der Vor-GmbH, aus.

Vorliegend muss aber nicht entschieden werden, nach welchem Haftungsmodell S und T für den Kaufpreisanspruch haften. Denn mit Eintragung der S & T GmbH ist eine eventuell bestehende Außenhaftung von S und T prinzipiell erloschen. Der Grund liegt darin, dass mit der Eintragung die GmbH entstanden ist und nur noch diese gemäß § 13 II GmbHG den Gläubigern mit dem GmbH-Vermögen haftet.

Damit hat L keinen Zahlungsanspruch gegen S und T als Gründungsgesellschafter.

II. L könnte gegen S und T aber einen Zahlungsanspruch aus § 11 II GmbHG haben.

1. Dazu müssten S und T „Handelnde" i.S.d. Vorschrift gewesen sein. Nach der heutigen hM ist die Handelndenhaftung eine Organhaftung, d.h. sie trifft grundsätzlich nur noch Geschäftsführer.

Da S als Geschäftsführer den Kaufvertrag abgeschlossen hat, ist er Handelnder i.S.d. § 11 II GmbHG.

Demgegenüber ist T kein Handelnder. Er ist weder Geschäftsführer, noch hat er den Vertrag geschlossen. Deshalb scheidet ein Anspruch gegen ihn nach § 11 II GmbHG aus.

2. Damit kommt nur noch bei S eine Handelndenhaftung in Frage. Dazu ist es erforderlich, dass dieser den Kaufvertrag auch im Namen der Gesellschaft abgeschlossen hat.

S hat den Kaufvertrag im Namen der S & T GmbH i.G. abgeschlossen. Es ist fraglich, ob hierunter ein Handeln im Namen der Gesellschaft zu sehen ist:

- Nach der hL liegt ein Handeln im Namen der Gesellschaft vor, wenn im Namen der Vor-GmbH oder der künftigen GmbH gehandelt wird. Nach dieser Auffassung liegt hier ein Handeln im Namen der Gesellschaft vor.

- Nach Ansicht der Rechtsprechung ist ein Handeln im Namen der Gesellschaft nur dann gegeben, wenn mindestens auch im Namen der künftigen GmbH gehandelt wird. Folgt man dieser Ansicht, hat S nicht im Namen der Gesellschaft gehandelt.

3. Vorliegend kann offen bleiben, welche Auffassung vorzugswürdig ist. Selbst wenn man der ersten Auffassung folgt und eine Handelndenhaftung annehmen würde, wäre diese jedenfalls mit der Eintragung der GmbH wieder erloschen. Denn wenn die GmbH eingetragen ist, entfällt das Sicherungsbedürfnis der Gläubiger, das während der Phase der Vor-GmbH noch besteht.

4. Ergebnis: Damit kann L nicht die Zahlung von 10.000 € gemäß § 11 II GmbHG von S und T verlangen.

▸ Literatur

🕮 Skript „Gesellschaftsrecht“ Lektion 5
🕮 Skript „Basiswissen Gesellschaftsrecht“ (Frage-Antwort)
🕮 Drygala, Jura 2003, 433 ff. (Probleme der Vor-GmbH)

Basiswissen Handelsrecht

Die Grundlagen in Frage und Antwort

ISBN 978-3-86724-134-2

Preis: 7,90 €

Auch als Hörbuch/MP3/CD lieferbar!

Basiswissen Gesellschaftsrecht

Die Grundlagen in Frage und Antwort

ISBN 978-3-86724-135-9

Preis: 7,90 €

Auch als Hörbuch/MP3/CD lieferbar!

Gewerblicher Rechtsschutz & Urheberrecht

Autor: Prof. Dr. Joachim Gruber

ISBN 978-3-86724-131-1

9,90 €